LA MUJER EN PUERTO RICO
(ENSAYOS DE INVESTIGACION)

Colección: Huracán Academia

la mujer en Puerto Rico

Ensayos de
investigación
Edicion de
Yamila Azize Vargas

1987

ediciones huracán

Primera edición: 1987

Diseño de portada: Yolanda Pastrana Fuentes
Cuidado de la edición: Carmen Rivera Izcoa
Tipografía: Mary Jo Smith Parés

©1987, Ediciones Huracán, Inc.
Ave. González 1002
Río Piedras, Puerto Rico

Impreso y hecho en la República Dominicana/
Printed and made in the Dominican Republic

Número de catálogo Biblioteca del Congreso/
Library of Congress Catalog Card Number: 87-082377
ISBN: 0-940238-91-8

INDICE

Yamila Azize Vargas
Prólogo
    Mujeres en lucha: orígenes y evolución
    del movimiento feminista 9
Bibliografía 26
Cronología: La mujer y el cambio social
en el Puerto Rico del Siglo XX 40

María T. Barceló Miller
De la polilla a la virtud: Visión sobre la mujer
de la Iglesia jerárquica de Puerto Rico............. 49

María del C. Baerga
La articulación del trabajo asalariado y no asalariado:
hacia una reevaluación de la contribución femenina
a la sociedad puertorriqueña (el caso de la industria
de la aguja) 89

Marcia Rivera
El proceso educativo en Puerto Rico y la
reproducción de la subordinación femenina 113

Doris G. Knudson
"Que nadie se entere":
La esposa maltratada en Puerto Rico 139

Marya Muñoz Vázquez
La experiencia del divorcio desde la perspectiva
de un grupo de mujeres puertorriqueñas 155

Esther Vicente
Las mujeres y el cambio en la norma jurídica 171

María M. Solá
Angel, arpía, animal fiero y tierno:
Mujer, sociedad y literatura en Puerto Rico 193

Magali García Ramis
Tres estereotipos de la mujer en la televisión 229

Prólogo

Yamila Azize Vargas

> *Sin libertad no hay amor*
> *sin derecho no hay deber*
> *cómo, pues, se las entiende*
> *para vivir la mujer*
>
> Lola Rodríguez de Tió

Yamila Azize Vargas nació en Río Piedras, Puerto Rico. Becada por la Fundación Ford hizo su doctorado en Filosofía y Letras en la Universidad de Pennsylvania en Filadelfia. Sus colaboraciones han aparecido en periódicos y revistas de Puerto Rico y Estados Unidos. Es autora de *La mujer en la lucha*, historia del feminismo en Puerto Rico (1898-1930) publicado por Editorial Cultural en 1985. Ha sido profesora de Literatura en el Departamento de Estudios Hispánicos de la Universidad de Puerto Rico, recinto de Mayagüez. Actualmente dirige el Centro de Estudios de la Mujer de la Universidad de Puerto Rico en el recinto de Cayey.

Mujeres en lucha: orígenes y evolución del movimiento feminista

I. Orígenes del feminismo

Hace casi dos siglos, a fines del siglo 18, surgen en Europa los primeros signos ideológicos del feminismo. Es en el pensamiento de la Ilustración, que defiende la razón como medio indispensable para buscar la verdad, donde primero se encuentran los postulados en defensa de la existencia del talento e inteligencia de la mujer, y las denuncias de que la "típica educación femenina" era la causante de la ignorancia y abulia entre la mayoría de las mujeres. Junto a esta defensa de la racionalidad de *todos* los seres humanos, la Revolución Francesa, también a fines del dieciocho, dio un impulso suplementario al desarrollo de la ideología feminista. Varios escritores franceses de esta época, tales como Montesquieu, Diderot y Voltaire abogaron por la igualdad de derechos políticos para la mujer. Sin embargo, tal vez más importante que sus apologías, fue que las mismas mujeres comenzaron a organizarse para luchar por sus derechos. Y a pesar de que eran un pequeño grupo, demostraron que mediante la lucha organizada podían hacer oir algunos de sus reclamos.

Tan relevante como la Ilustración y la Revolución francesa en el desarrollo del feminismo, fue la ideología social del protestantismo liberal. Como el individualismo racionalista de la Ilustración, el individualismo religioso de la fe protestante podía ser aplicable tanto a un sexo como al otro. La creencia protestante en el derecho de todos los seres humanos a trabajar por su propia salvación proporcionó una importante base ideológica a muchas de las luchadoras de las campañas feministas del siglo diecinueve. Este protestantismo, junto a los postulados racionalistas de la Ilustración, constituyeron los dos grandes componentes ideológicos de la doctrina liberal decimonónica, que sería aplicada a la situación de las mujeres por uno de sus más importantes teóricos —John Stuart Mill— en el libro *The Subjection of Women* que, publicado en 1896, se convirtió en la biblia de las feministas.

De otro lado, la situación general de las mujeres presentaba un cuadro plagado de injusticias e iniquidades. A principio del siglo diecinueve la gran mayoría de los países discriminaban contra la mujer en sus códigos civiles y penales. Le negaban derechos básicos como la educación, y mantenían impedimentos políticos como la imposibilidad de votar, el ser candidatas en elecciones, ocupar puestos públicos y militar en organizaciones políticas, entre otros. En el renglón de lo económico no podían tener propiedades o negocio propio, ni dedicarse al comercio o ejercer una profesión. Este panorama, junto a diversos factores sociales y económicos, prepararon el terreno para que las teorías feministas encontraran campo fértil a lo largo del siglo diecinueve.

El auge del feminismo durante el siglo diecinueve se explica en gran medida por los cambios en la estructura de las clases sociales como consecuencia de la expansión del comercio y la industria. El movimiento poblacional hacia las ciudades llevó consigo un rápido crecimiento numérico de las clases medias. Según se fueron formando profesionalmente, éstas asumieron un papel cada vez más destacado en la vida política y social y abogaron por los principios liberales de gobierno representativo e igualdad ante la ley. En Inglaterra este fenómeno se dio antes que en cualquier otro sitio, pero dondequiera que ocurrió tuvo efectos sobre la situación de las mujeres.

El crecimiento de las clases medias, con unos nuevos valores y una ubicación privilegiada en la esfera económica, obligó a las mujeres de este grupo a redefinir su rol en la sociedad en cuanto al trabajo y a su realización personal. Las doctrinas liberales que Mill había desarrollado y que esta clase defendía, pedían la eliminación de obstáculos legales y educativos, con miras a lograr la igualdad de oportunidades para ambos sexos. Pero esto fue accesible solamente a las mujeres de las clases medias. Las demás estaban por lo general imposibilitadas de optar por una educación o profesión, debido a innumerables obstáculos económicos y sociales. Como consecuencia, la composición de gran parte de los movimientos feministas de Europa y Estados Unidos de mediados del siglo diecinueve fue mayoritariamente de mujeres de clase media.

II. Metas y evolución

Inicialmente, las metas de los movimientos feministas organizados fueron tímidas, moderadas y principalmente de carácter económico. Por ejemplo, se abogaba porque las mujeres casadas pudieran tener el control de sus propiedades y porque las solteras tuvieran acceso a la vida profesional. Además, y no menos importante, trataban de que se mejoraran las oportunidades educativas para la mujer. La moderación en estos reclamos debe atribuirse al hecho de que las primeras asociaciones feministas estuvieron constituidas por un reducido grupo de pioneras que confrontaron la hostilidad y el prejuicio de gran parte de la población masculina. Pero, a medida que avanzaba la industrialización y crecía la clase media, los movimientos feministas se fortalecieron y radicalizaron. Las feministas experimentaron dificultades para conseguir reformas, pues los centros de poder político, dominados por los hombres, apenas hacían caso de sus demandas. Se hizo imprescindible una participación *más directa* de la mujer en el sistema político. El derecho a educarse, a trabajar como profesional y a votar, fueron reclamos cada vez más urgentes. Fue entonces cuando el feminismo se convirtió en un movimiento de masas.

El feminismo *organizado* surgió primero en Estados Unidos y luego en Inglaterra, y estuvo estrechamente vinculado a los cambios políticos y económicos acaecidos durante el siglo diecinueve. Según se desarrolló el modo de producción capitalista surgieron nuevos grupos de clases trabajadoras de los cuales las mujeres también formaron parte. Al principio, las feministas de clase media manifestaron interés en incorporar a estas mujeres en sus filas. Sin embargo, las crecientes diferencias de clase y la oposición de algunos sectores del feminismo burgués no hizo posible la alianza duradera entre las mujeres de diferentes clases sociales. Por ejemplo, algunas feministas pidieron el voto restringido, excluyendo así a miles de mujeres trabajadoras. Sus enfoques legalistas les impidieron a menudo comprender la realidad de las mujeres pertenecientes a sectores económicos desposeídos.

El creciente aumento de las mujeres asalariadas entre la clase trabajadora provocó que varios teóricos del socialismo escribieran sobre la situación de este sector femenino. Uno de los libros fundamentales sobre el tema fue *La mujer y el socialismo*, de August Bebel, publicado en 1879. Bebel defiende la lucha de las mujeres por la igualdad de derechos; su participación en las profesiones liberales; igualdad ante el derecho penal y civil; igualdad de educación y protección contra las penosas condiciones de trabajo que padecían. No obstante, para Bebel el logro de una equidad auténtica dependía del triunfo de la revolución socialista. La transformación del sistema económico y político garantizaría la completa reivindicación de las mujeres.

La obra de Bebel sirvió de base teórica al enfoque socialdemócrata en todos los países donde existía un movimiento socialista. Por ejemplo, en Alemania y la Unión Soviética, donde hubo un movimiento socialista militante, muchas mujeres asalariadas procuraron integrarse a los sindicatos y a las asociaciones políticas existentes para, junto a los hombres, dar la lucha por la reivindicación de su clase y combatir el discrimen que sufrían. Sin embargo, al principio fueron rechazadas por la mayoría de los trabajadores unionados, quienes las vieron como competidoras y causantes del abaratamiento de la mano de obra. Ante tal actitud, superada por unos pero no por otros, las mujeres optaron por fundar asociaciones exclusivamente femeninas que lucharon por mejorar sus condiciones de trabajo y obtener una mayor participación en la vida social y política de sus países. Esta sería la vía utilizada por el movimiento feminista de la socialdemocracia alemana que, dirigido por Clara Zetkin, fue una de las organizaciones socialistas de mujeres de clase trabajadora más exitosas.

El caso de la Unión Soviética también merece la pena destacarse porque coexistieron, como en Alemania, las dos vertientes principales del feminismo: la moderada y la socialista. El feminismo socialista fue altamente reprimido hasta la Revolución del 1905. Progresivamente, la represión obligó a las feministas moderadas a simpatizar con el movimiento revolucionario, que eventualmente subió al poder en 1917, con el triunfo de la Revolución bolchevique. Sin embargo, la revolución no garantizó los reclamos de las feministas revolucionarias y radicales, cuyas demandas fueron repetidamente pospuestas en aras del proceso revolucionario y de la futura transformación de la sociedad. De hecho, varios de sus logros y planteamientos sufrieron un gran revés en el período estalinista cuando, por ejemplo, se prohibieron el aborto y el divorcio y se exaltó una visión tradicional de la familia. Aun así, son indiscutibles las repercusiones e influencias que ha tenido el feminismo socialista y radical sobre los movimientos feministas pasados y presentes.

La ardua lucha por el voto en Inglaterra y los Estados Unidos atestigua esa influencia. Ante la intransigencia del gobierno, las feministas sufragistas copiaron algunas de las técnicas de militancia y propaganda de las feministas radicales y eventualmente alcanzaron su meta. No obstante, una vez conseguido el voto —en muchos casos alrededor de los años 20 y en otros en el período entre las dos guerras mundiales— casi todos los movimientos feministas desaparecieron. La concesión del voto no había tenido las repercusiones esperadas por muchas de las líderes feministas. El derecho al sufragio se convirtió en un freno para denegar otros reclamos solicitados y el comportamiento electoral de las mujeres no estuvo regido por los intereses feministas sino por los de su clase social. No menos importantes fueron las repercusiones de los diversos procesos sociales y políticos que acontecían en Occidente durante este período. El triunfo de la Revolución rusa y el consecuente "miedo rojo" tornó a muchos paranoides. Líderes conservadores de derecha e izquierda — Mussolini, Hitler, Stalin— fueron rabiosamente anti-feministas. Las consecuencias de las dos guerras mundiales se dejaban sentir. Se exaltó el retorno al hogar y el aumento en el índice de natalidad. La mujer tenía que ser madre por encima de todo.

Sin embargo, el continuo proceso de industrialización sacaba cada vez más a la mujer de la casa. El encarecimiento de la vida hizo indispensable un presupuesto de dos salarios. Pero la mujer continúa siendo responsable casi totalmente de las tareas domésticas. Además de sufrir esta "doble jornada", es peor remunerada que el hombre, relegada a puestos subordinados y agredida sexualmente con frecuencia. Por todo esto y más, el movimiento feminista sale del "estado latente" en que se había sumergido desde los años cuarenta. Y así, en la década del sesenta, cobra nuevo vigor, y reaparece asociado a otros grupos —estudiantiles, negros— los que tampoco disfrutaban de un status equitativo y justo. Las lecciones de la primera época de lucha feminista eran evidentes: ni el voto, ni la representación minoritaria, garantizaban un cambio real y auténtico, como bien habían pronosticado muchas feministas radicales. Es entonces cuando aquellos reclamos "radicales" de comienzos de siglo reaparecen como parte indispensable de las reivindicaciones del movimiento feminista contemporáneo.

Si la mujer quiere o tiene que trabajar también fuera del hogar, es imperativo compartir con el esposo o compañero las tareas domésticas y el cuidado de los niños. A su vez, el estado debe colaborar con esta nueva situación familiar, proveyendo facilidades de guarderías infantiles. Mujeres feministas y no-feministas manifiestan nuevas ideas sobre la sexualidad femenina y la familia. Los adelantos científicos permiten un control mayor sobre la procreación, permitiendo otras dimensiones en el intercambio sexual de las parejas. Como las feministas radicales del pasado, las mujeres defienden el derecho al aborto. Del mismo modo, frecuentemente utilizan el divorcio como recurso para poner fin a relaciones conyugales dominadas por el maltrato físico y mental. Aumenta el número de mujeres que reciben una educación formal, convencidas de que poseen un intelecto que puede ser desarrollado en diversas disciplinas. El modelo "único" de mujer pasa a ser cosa del pasado.

Ciertamente, una de las grandes lecciones en la historia del feminismo ha sido constatar la insuficiencia del voto y de las leyes en aras de lograr el pleno desarrollo de la mujer como ser humano. De aquí el énfasis del pensamiento feminista contemporáneo, en que la lucha por un cambio debe ir acompañada por un auténtico proceso de liberación interior, en que mujeres y hombres juntos puedan comprometerse con la construcción de una sociedad mejor.

III. Trayectoria del movimiento feminista puertorriqueño

Diez años atrás hubiera sido casi imposible relatar la historia del feminismo puertorriqueño. Las pocas referencias encontradas en algunos libros sólo consignaban la concesión del voto a las mujeres alfabetas en 1929, como resultado del esfuerzo de un grupo de mujeres. Sin embargo, los orígenes y el desarrollo del feminismo puertorriqueño comienzan a conocerse gracias a las nuevas corrientes historiográficas que surgen en Puerto Rico a comienzos de la década de los setenta. Sólo así es que logramos redescubrir un pasado histórico ignorado, pero capaz de transformar radicalmente nuestra visión. La presencia y participación de las mujeres se revela entonces como uno de los hallazgos más sobresalientes, que contribuye a destruir viejos mitos y a estimular otros enfoques de estudio de lo que hasta entonces había sido un sector totalmente relegado.

Si bien las primeras señales del inicio del feminismo en Puerto Rico se remontan a fines del siglo diecinueve, es preciso comentar brevemente la situación de las mujeres con anterioridad a este período. Las investigaciones sobre la mujer en la sociedad indígena —publicadas también durante los años setenta— documentan su participación activa en diversas instituciones, en las cuales tenían roles que contrastan grandemente con los asignados a las mujeres a partir de la conquista y colonización española. Las taínas eran responsables de trasmitir el linaje y esto favoreció, por ejemplo, su presencia en las más altas jerarquías políticas. Existieron, pues, cacicas (Yuisa, Guayerbas, Catalina) cuando en Europa la mayoría de las mujeres eran ciudadanas de segunda clase, con muy restringido reconocimiento y escasa participación en la vida fuera del ámbito familiar. Sin embargo, en la sociedad taína las mujeres aprendían a manejar las armas y participaban en acciones bélicas. Asimismo contribuían a la producción de bienes y servicios fuera del hogar y tomaban parte en rituales y ceremonias religiosas. Diferente al mundo occidental era también la ética sexual prevaleciente, que permitía y recomendaba experiencias íntimas "pre-matrimoniales" para los miembros —hombres y mujeres— de la comunidad.

Pero el cambio de régimen socio-político que trajo la invasión española, impuso nuevas jerarquías que afectaron adversamente el status de las mujeres, fueran o no indígenas. Al principio de la colonización, la ausencia de mujeres europeas favoreció la mezcla del español con la india o africana, en relaciones regidas mayormente por el abuso de poder de parte del colonizador. Muchas de estas mujeres fueron "madres solteras" en una sociedad que a la vez que las condenaba moralmente, traficaba con sus hijos, vendiéndolos y utilizándolos como esclavos. De otro lado, las mujeres españolas que llegaron a Puerto Rico en el transcurso de la colonización enfrentaron otras formas de opresión. Su capacidad reproductiva adquirió importancia económica y política, y fueron utilizadas para aumentar la población europea y consolidar la conquista. Asimismo, participaron en las tareas agrícolas, vitales para la manutención y reproducción cotidiana de la familia. Sin embargo, no tuvieron acceso a participar en la vida política, o recibir una educación formal. Eran enseñadas a realizar las tareas domésticas: coser; rezar; fieles y devotas hijas, esposas y madres; y, sobre todo, acatar la autoridad masculina en un país de economía agrícola de subsistencia, donde la familia era el centro social. Por lo tanto, era muy difícil que pudiera surgir algún tipo de movimiento feminista numeroso y militante durante los primeros siglos de colonización.

Aunque tardan casi un siglo, las ideas sobre el inevitable progreso de la mujer llegaron a Puerto Rico de la mano de varios intelectuales puertorriqueños y españoles de avanzada. Primero fueron hombres como Eugenio María de Hostos, Salvador Brau, Alejandro Tapia y Manuel Fernández Juncos quienes defendieron la educación de la mujer como paso indispensable para el cambio de su posición social en desventaja. A pesar de que no postularon la igualdad de derechos entre los sexos, todos ellos denunciaron las pésimas condiciones de vida padecidas por la inmensa mayoría de la población femenina, marginada "entre las cacerolas y el costurero", como dijo un historiador de la época. Y junto a ellos, varias mujeres de las clases acomodadas, como Lola Rodríguez de Tió, su hija Patria y Ana Roqué de Duprey, entre otras, alzaron sus voces defendiendo el derecho y deber de las mujeres a educarse y participar en otras esferas de la vida del país.

Si bien estas corrientes ideológicas constituyen los primeros signos del movimiento feminista en Puerto Rico, no será hasta después de la invasión norteamericana en 1898, cuando éste se consolide definitivamente. A comienzos del siglo diecinueve, la economía de subsistencia fue transformándose en una de haciendas. Esto dio paso a la separación entre el productor y los medios de producción y al desarrollo de una clase que tenía que vender su fuerza de trabajo. Dicho cambio representó un paso estructural hacia el desarrollo de un sistema agrícola capitalista. Sin embargo, serán los cambios económicos generados por el establecimiento de las corporaciones tabacaleras y azucareras norteamericanas los que finalmente impongan el modo de producción capitalista. Esto a su vez tiene hondas repercusiones en la situación de la gran mayoría de las familias puertorriqueñas que, empobrecidas por el cambio de moneda, tuvieron que buscar otros ingresos económicos. Es entonces cuando miles de mujeres comienzan a integrarse en calidad de trabajadoras asalariadas en industrias que, como las del tabaco y la aguja, sacaron provecho de las destrezas manuales que se enseñaban tradicionalmente al sexo femenino.

Durante estas dos primeras décadas del siglo veinte la participación de la mujer en la vida socio-económica del país sufrió una profunda transformación. Junto a su tradicional trabajo como amas de casa, muchas mujeres se emplearon también como despalilladoras, enfermeras, maestras, y trabajadoras de la industria de la aguja. El enfrentamiento con una sociedad que discriminaba contra ellas —por ejemplo, mediante salarios más bajos, ausencia de participación en puestos directivos y privación del derecho al voto— provocó cambios en su visión de mundo e ideología. En la clase obrera, rechazadas al principio por algunos sectores del movimiento obrero organizado, éstas deciden fundar uniones de mujeres. Tenían la convicción de que sólo a través de la lucha colectiva y organizada podrían lograr cambios a corto y largo plazo. Sus reclamos por mejores condiciones de trabajo, sus campañas organizativas y sus exigencias —como el derecho al voto para todas las mujeres—, fueron algunas de las más importantes campañas desarrolladas por lo que se constituyó en el primer movimiento feminista organizado en Puerto Rico. Influenciado por el pensamiento anarquista y las luchas de las mujeres europeas y norteamericanas, este movimiento alcanzó triunfos concretos. Por ejemplo, desde temprano en el siglo varias mujeres ocuparon puestos directivos en la federación obrera más grande e importante de aquella época. Asimismo, destacados líderes obreros del sector masculino aceptaron y reconocerion la valiosa aportación de las mujeres a las luchas obreras. Y debe también recalcarse que fue gracias a las iniciativas de un grupo de mujeres obreras que el escritor y legislador Nemesio Canales presentó en el 1908 el primer proyecto de ley que abogaba por el voto y la emancipación legal de las mujeres en Puerto Rico.

A diferencia del proceso de Europa y los Estados Unidos, en Puerto Rico el movimiento feminista del sector de clase acomodada se organizó después del sector obrero. Dirigido por mujeres con educación formal, se constituyen como grupo en 1917, para abogar por el sufragio femenino restringido. Es decir, para las mujeres alfabetas mayores de 21 años, que por esa época constituían una ínfima minoría. Pero a lo largo de los doce años que dura la lucha por el voto, un sector de las sufragistas se radicaliza y forma otra agrupación comprometida a luchar —como las obreras— por el sufragio universal. Lo cierto es que la controversia entre el sufragio restringido y el universal, da lugar también a otras rupturas entre las organizaciones. En 1926, obreras y sufragistas intentaron consolidar un frente unido, lo que fracasó por la rotunda negativa de las sufragistas a apoyar el sufragio universal. Finalmente, la concesión del voto restringido en 1929, y del sufragio universal en 1936, propició, al igual que en otros países, la desaparición de un movimiento feminista militante.

No obstante, en el caso de Puerto Rico es preciso comentar las repercusiones que tiene en el feminismo puertorriqueño la relación política con los Estados Unidos. Una de las más grandes decepciones sufridas por las sufragistas puertorriqueñas fue provocada por la decisión del Departamento del Interior norteamericano de no extender a Puerto Rico la enmienda 19 de la constitución norteamericana, que concedía el derecho al voto a las mujeres. Esta decisión auguraba que la situación política del país afectaría el desarrollo de la lucha por el voto y que ésta sería una larga lucha. Ambos presagios resultaron ciertos. El status colonial permitió que no se aplicara la nueva enmienda a Puerto Rico. La legislatura insular se resistió a dar el voto, temerosa a la participación política de las mujeres de clases pobres. Sin embargo, el trabajo organizado, así como el cabildeo en la isla y en Washington de las feministas boricuas, junto a la solidaridad brindada por varias líderes feministas norteamericanas, obligó al gobierno a conceder el voto a las mujeres. Pero la relación política con los Estados Unidos continuaría afectando tanto a las luchas feministas como a la situación general de las mujeres en Puerto Rico. En los años cuarenta, cuando desaparecieron las organizaciones feministas, miles de mujeres fueron afectadas por los experimentos poblacionales realizados por varias compañías norteamericanas en Puerto Rico. De otro lado, el auge del feminismo a partir de la década del setenta también fue favorecido por el renacimiento de éste en Norteamérica.

La concesión del sufragio universal a las mujeres en 1936 culminó esta primera época del feminismo organizado. Durante las próximas décadas, la nueva política de desarrollo industrial fomentada por el gobierno generó cambios drásticos en las fuentes de empleo, obligando así a miles de puertorriqueños a desplazarse hacia la capital y a los Estados Unidos. La virtual desaparición de las industrias del tabaco y de la aguja canalizó el trabajo de la mujer hacia las industrias de manufactura en las categorías ocupacionales de oficinistas y trabajadoras análogas. Y aunque su participación general en el trabajo asalariado disminuye por un período, a partir de los años setenta crece hasta alcanzar uno de sus más altos niveles en los ochenta. De igual modo aumenta notablemente el grado de escolaridad de las mujeres, pero así también se multiplican los divorcios, lo que hace patente, entre otras cosas, la protesta de muchas mujeres hacia relaciones conyugales arbitrarias.

Todos estos factores sociales y económicos propiciarán a partir de los años setenta el resurgimiento del feminismo en Puerto Rico, favorecido también por el auge que tiene en los Estados Unidos y en Europa. Junto a esto, es fundamental la aportación de la nueva historiografía al estudio de la situación de las mujeres en Puerto Rico. De repente se rescata un pasado repleto de mujeres en lucha por combatir injusticias y progresar. Las vidas de Luisa Capetillo, Juana Colón, Ana Roqué y muchas otras, surgen como nuevos arquetipos de mujeres que desde temprano en el siglo defendieron su derecho a educarse, a participar en la vida política, a hacer literatura, pero que fueron ignoradas injustamente por las historias oficiales y tradicionales. Proliferan asimismo otros estudios que enfocan la situación femenina en la economía, la salud, los medios de comunicación, la familia, la educación y la literatura, y que contribuyen a documentar y denunciar el discrimen hacia la mujer. De otro lado, la celebración del Año Internacional de la Mujer en 1975, propicia la creación de nuevas organizaciones feministas que se dan a la tarea de estudiar y divulgar los diferentes modos de opresión que sufren la gran mayoría de las mujeres puertorriqueñas. Presionado por el empuje nacional y mundial del feminismo, el gobierno decide crear la Comisión Pro Mejoramiento de la Mujer y respaldar la aprobación de legislación para modificar ciertos estatutos legales (propiedad, apellidos, herencia) que abiertamente discriminaban contra la mujer. Asimismo, el compromiso recién manifestado (1987) por parte del gobierno de respaldar la creación de centros de cuidado infantil se da también como resultado de las campañas que desde hace más de una década han hecho las feministas puertorriqueñas sobre este particular.

No obstante, a pesar de los innumerables reclamos de la urgencia y necesidad de realizar una auténtica reforma educativa y una revisión curricular para cambiar la imagen estereotipada y sexista prevaleciente en la mayoría de los textos escolares y del material educativo, el gobierno no ha impulsado legislación sobre el asunto. A pesar de que en términos generales las mujeres alcanzan una mayor escolaridad que el hombre, continúan relegadas a puestos subordinados y de poco poder decisional. Ausente de la política gubernamental ha estado también la aprobación de leyes efectivas para combatir la violencia, el maltrato y el hostigamiento sexual hacia las mujeres. La carencia de apoyo gubernamental a la única casa protegida para mujeres maltratadas existente en Puerto Rico, la Casa Protegida Julia de Burgos, ha limitado grandemente la capacidad de dicha institución para cumplir su importante cometido. El establecimiento de centros de ayuda a víctimas de violación cumple una función remediativa importante pero, al no tocar las raíces del problema, puede convertirse en un paliativo que encubra la necesidad apremiante de medidas preventivas.

A lo largo del siglo veinte, la trayectoria de las luchas feministas ha demostrado la insuficiencia del voto y de las leyes para lograr cambios reales y auténticos. También se ha visto la tremenda importancia del trabajo de los grupos organizados para adelantar ciertos reclamos en pro de las mujeres. La experiencia puertorriqueña de la pasada década ha corroborado esto nuevamente. Y si bien es cierto que las ideas feministas son parte de la vida cotidiana de muchos, todavía carecemos de un buen sistema de divulgación que eduque a más hombres y mujeres. En una sociedad consumista y de gran desarrollo tecnológico como la que opera en Puerto Rico, es preciso hacer hincapié en que el auténtico progreso social es mucho más que la prosperidad económica. No existe progreso allí donde no se cultive el respeto y se ofrezcan opciones igualitarias para el crecimiento de todos los seres humanos. En este sentido, la investigación, la información y la educación son tres de las tareas más urgentes que enfrentan las agrupaciones e instituciones comprometidas con las causas feministas.

En ánimo de contribuir a adelantar estos trabajos presentamos esta colección de ensayos inéditos. Estos indagan en varios de los temas más urgentes en la agenda feminista y aportan información apenas conocida hasta ahora sobre áreas cruciales para las mujeres en Puerto Rico como la religión y la industria de la aguja. Ofrecen también sólida documentación sobre el problema del maltrato, el divorcio, los medios de comunicación y la norma jurídica respecto a la mujer, e iluminan procesos como el educativo y literario en los cuales las mujeres han tenido una inserción muy peculiar. Confiamos en que estos ensayos también estimulen el desarrollo de los muchos otros proyectos de investigación que todavía quedan por hacer.

Vale destacar que esta Antología surgió como iniciativa de Carmen Rivera Izcoa, de Ediciones Huracán, quien me invitó a colaborar como editora. Su entusiasmo y reflexión crítica sobre el material fueron valiosos e imprescindibles para lograr este libro. A Benjamín Muñiz mi gratitud por su ayuda en la corrección de este manuscrito. El apoyo de mis compañeros de trabajo en el Recinto Universitario de Mayagüez y en el Colegio Universitario de Cayey también fue muy estimulante. A los rectores, Dr. José Luis Martínez Picó, y

Dra. Margarita Benítez, al Dr. José G. González, Dra. Aura Román y Sra.Ana Raquel Collazo, mi agradecimiento especial.

Bibliografía

I. GENERAL

A. Libros

Amorós, Cecilia. *Hacia una crítica de la razón patriarcal.* Barcelona: Editorial Anthropos, 1985.

Aranda, Clara E. et al. *La mujer: Explotación, lucha, liberación.* México: Editorial Nuestro Tiempo, 1976.

Boserup, Esther. *Woman's Role in Economic Development.* New York: St. Martin's Press, 1970.

Brownmiller, Susan. *Against Our Will: Men, Women, and Rape.* New York: Bantam Books, 1975.

Colectivo de Mujeres de Boston. *Nuestros cuerpos, nuestras vidas.* Trad. Raquel Scheer-Salgado y Leonor Taboada. Boston: Women's Health Book Collective, 1976.

Curb, Rosemary & Nancy Manhattan, eds. *Lesbian Nuns: Breaking Silence.* New York: Warner Books, 1985.

Chaney, Elsa. *Supermadre. Women in Politics in Latin America.* Austin: The University of Texas Press, 1979.

Dalla Costa, María Rosa y Selma James. *The Power of Women and the Subversion of the Community.* London: The Falling Wall Press, 1975.

De Beauvoir, Simone. *El segundo sexo.* 2 vols. Buenos Aires: Siglo XX, 1970.

Elú de Leñero, Carmen, ed. *La mujer en América Latina.* 2 vols. México: Sep-Setentas, 1975.

Erazo, Viviana y Adriana Santos Cruz. *Compropolitan. El orden transnacional y su modelo femenino: un estudio de las revistas femeninas en América Latina.* México: Nueva Imagen, 2da ed., 1981.

Etienne, Mona y Eleanor Leacock, eds. *Women and Colonization. Anthropological Perspectives.* New York: Praeger Publ., 1980.

Evans, Richard J. *Las feministas. Los movimientos de emancipación de la mujer en Europa, América y Australia 1840-1920.* Madrid: Siglo XXI, 1980.

Gager, Nancy y Kathleen Shurer. *Sexual Assault: Confronting Rape in America.* New York: Grosset and Dunlap, 1976.

Henry, Alice. *Woman and the Labor Movement.* New York: G.H. Doran Co., 1923.

Hunter College Women's Collective. *Women's Realities.* New York: Oxford University Press, 1983.

Latin American Perspectives. *Women in Latin America.* Anthology. California: Latin American Perspective Press, 1979.

Leacock, Eleanor, Helen I. Safa, and Contributors. *Women's Work. Development and the Division of Labor by Gender.* Mass.: Bergin and Garvey Publ., 1986.

León, Magdalena, ed. *Las trabajadoras del agro. Debate sobre la mujer en América Latina y el Caribe.* Colombia: Asociación Colombiana para el Estudio de la Población, 1982.

Martin-Gamero, Amalia, ed. *Antología del feminismo.* España: Alianza Editorial, 1975.

Marx y otros. *La emancipación de la mujer.* México: Editorial Grijalbo, 1970.

Mattelart, Michele. *Women, Media and Crisis. Femininity and Disorder.* London: Comedia Publ. Group, 1986.

_____ y Armand Mattelart. *La mujer chilena en una nueva sociedad.* Santiago: Editorial del Pacífico, 1968.

Meillasoux, Claude. *Maidens, Meal and Money.* London: Cambridge University Press, 1981.

Michel, André. *La mujer en la sociedad mercantil.* México: Siglo XXI, 1980.

Miller, Yvette y Charles M. Tatus, eds. *Latin American Women Writers: Yesterday and Today.* Pittsburgh, Pa.: Latin American Literary Review, 1977.

Millet, Kate. *Sexual Politics.* New York: Avon Books, 1971.

Morgan, Robin. *The Anatomy of Freedom. Feminism, Physics and Global Politics.* New York: Anchor Books, 1984.

Nash, June, y Helen I. Safa. *Sex and Class in Latin America.* New York: Praeger Publ., 1976.

_____ and Contributors. *Women and Change in Latin America.* Mass.: Bergin and Garvey Publ., Inc., 1986.

Nash, Mary, ed. *Presencia y protagonismo. Aspectos de la historia de la mujer.* Barcelona. Ediciones del Serbal, 1984.

Navarrete, Ifigenia M. *La mujer y los derechos sociales.* México: Ed. Oasis, 1969.

Pescatello, Ann, ed. *Female and Male in Latin America.* Pittsburgh: University of Pittsburgh Press, 1972.

Randall, Margaret. *Mujeres en la revolución*. México: Siglo XXI, 1972.

Rossi, Alice, ed. *The Feminist Papers: From Adams to de Beauvoir*. New York: Columbia University Press, 1973.

Rowbotham, Sheila. *Hidden from History. Rediscovering Women in History. From the 17th Century to the Present*. New York: Pantheon Books, 1974.

_____. *Women, Resistance and Revolution*. New York: Vintage Books, 1974.

_____. *Woman's Consciousness, Man's World*. New York: Penguin Books, 5th ed., 1979.

Scalon, Geraldine. *La polémica feminista en la España contemporánea (1868-1974)*. España: Siglo XXI, 1976.

Sejourné, Laurette. *La mujer cubana en el quehacer de la historia*. España: Siglo XXI, 1980.

Silverblatt, Irene. *Moon, Sun and Witches. Gender Ideologies and Class in Inca and Colonial Peru*. Princeton: Princeton University Press, 1987.

Spender, Dale. *Men's Studies Modified: The Impact of Feminism on Academic Disciplines*. New York: Pergamon Press, 1981.

Sullerot, Evelyn. *Woman, Society and Change*. New York: World U. Library, McGraw Hill, 1971.

Vogel, Lisa. *Beyond Domestic Labor. Women's oppression and the reproduction of labor power*. Ph.D. Dissertation. Brandeis University, 1981.

Warner, Marina. *Alone of All Her Sex. The Myth and the Cult of the Virgin Mary*. New York: Vintage Books, 1983.

B. Artículos y folletos

Benería, Lourdes. "Reproduction, Production and the Sexual Division of Labor", *Cambridge Journal of Economics*, vol. 3, 1979.

Bennholdt-Thomsen, Veronka. "Towards a Theory of the Sexual Division of Labor", en Joan Smith, Immanuel Wallerstein y Hans-Dieter Evers, eds., *Households and the World Economy*, Beverly Hills: Sage, 1984.

Chaney, Elsa. "Old and New Feminists in Latin America: The Case of Perú and Chile", *Journal of Marriage and the Family*, vol. 35, no. 2, 1973, pp. 331-43.

Chodorow, Nancy. "Mothering, Male Dominance and Capitalism", en Zillah Eisenstein, ed., *Capitalist Patriarchy and the Case for Socialist Feminism*, New York: Monthly Review Press, 1979.

Eisenstein, Zilliah. "Developing a Theory of Capitalist Patriarchy", en Zillah Eisenstein, ed., *Capitalist Patriarchy and the Case for Socialist Feminism*, New York: Monthly Review Press, 1979.

King, Marjorie. "Cuba's Attack on Women's Second Shift, 1974-1976", en *Latin American Perspectives*, vol. 4, no. 1-2, 1977, pp. 106-119.

Komisar, L. "The Image of Women in Advertising", en *Woman in Sexist Society*. Ed. Vivian Gornik & Barbara K. Moran. New York: New American Library, 1971, pp. 304-317.

Lamphere, L. "Strategies, Cooperation and Conflict Among Women in Domestic Groups", en *Women, Culture and Society*. Eds. Rosaldo, M.Z. & L. Lamphere, Stanford: Stanford University Press, 1974.

Larguía, Isabel & Dumoulin. "Toward a Science of Women's Liberation". *Women in Struggle*. NACLA, 1972.

Latin American Perspectives. "Women and Class Struggle". California: Vol. IV, no. 1 & 2, Winter and Spring, 1977.

Stevens, Evelyn. "The Prospects for a Women's Liberation Movement in Latin America", *Journal of Marriage and the Family*, vol. 35, 1973, pp. 313-322.

_____. "Mexican Machismo: Politics and Value Orientations", *Western Political Quarterly*, vol. 18, 1965, pp. 848-857.

Turner, Frederick C. "Los efectos de la participación femenina en la revolucíon de 1919", *Historia Mexicana*, vol. 16, 1967, pp. 602-620.

Wilhamson, R.C. "Role Themes in Latin America", en *Sex Roles in a Changing Society*. Eds. J.H. Steward & R.C. Wilhamson, New York: Random House, 1970, pp. 109-126.

II. PUERTO RICO

A. Libros

Acín, María N. *Perfil estadístico de la mujer puertorriqueña*. San Juan, Comisión para el Mejoramiento de los Derechos de la Mujer, 1979.

Acosta-Belén, Edna, ed., *The Puerto Rican Women*. New York, Praeger Publications, 1979.

_____, ed. *La mujer en la sociedad puertorriqueña*. Río Piedras, Ediciones Huracán, 1980.

Angelis, María Luisa. *Mujeres puertorriqueñas que se han distinguido en el cultivo de las ciencias, las letras y las artes desde el siglo 17 hasta nuestros días. San Juan, P.R., Tipografía Boletín Mercantil, 1908.

Azize Vargas, Yamila. *Luchas de la mujer en Puerto Rico: 1898-1919*. San Juan, P.R., Tipografía Metropolitana, 1979.

_____. *La mujer en la lucha, historia del feminismo en Puerto Rico, 1898-1930*, Río Piedras, Editorial Cultural, 1985.

Canales, Nemesio. *Paliques*. San Juan: Editorial Coquí, 5ta ed., 1968.

Capetillo, Luisa. *Influencia de las ideas modernas*. San Juan, P.R.: Tipografía Negrón Flores, 1916.

_____. *La Humanidad en el futuro*. San Juan, P.R.: Tipografía Real Hermanos, 1910.

_____. *Mi opinión sobre las libertades, derechos y deberes de la mujer*. San Juan, P.R.: The Times Publ., 1911.

Coll y Toste, Cayetano. *Historia de la Instrucción Pública en Puerto Rico hasta el año 1898*. San Juan, P.R.: Edición I. Coll y Cuchí, 1970.

Comisión de Derechos Civiles. *La igualdad de derechos y oportunidades de la mujer puertorriqueña*. San Juan, P.R.: Estado Libre Asociado, 1973.

Comisión Especial del Gobernador para el Estudio de los Derechos Civiles en Puerto Rico. *Informe al Honorable Gobernador de P.R.:* La Comisión, 1959.

Commission for the Improvement of Women's Rights. *Sexism in the Classroom*. Final Report of the Commission of the Women's Educational Equity Act Program. October, 1977.

Eulate Sanjurjo, Carmela. *La mujer en la historia*. Sevilla: Imprenta de F. Díaz y Cía., 1915.

_____. *La mujer moderna*. Barcelona: Ed. Maucci, 1924.

Frambes Buxeda, A., et al. "Mujeres puertorriqueñas. Protagonistas en el Caribe". *Homines*, Tomo extraordinario, Núm. 4, Universidad Interamericana, 1987.

González, Patricia Elena y Eliana Ortega. *La sartén por el mango: encuentro de escritoras latinoamericanas*. Río Piedras: Ediciones Huracán, 1984.

Hernández Angueira, Luisa. *Auge y decadencia de la industria de la aguja en Puerto Rico, 1914-1940*. Universidad Autónoma de México, Disertación doctoral, 1983.

Instituto de Cultura Puertorriqueña. *Poemario de la Mujer Puertorriqueña*. San Juan, P.R.: Instituto, 1976.

López-Garriga, María M. *Feminist Perspective on Pornography and Prostitution: A Rejoinder.* San Juan, P.R.: Comisión para el Mejoramiento de los Derechos de la Mujer, 1978.

López Landrón, Rafael. *La mujer puertorriqueña ante el Bill Jones.* San Juan, P.R.: Boletín Mercantil, 1916.

Manning, Caroline. *The Employment of Women in Puerto Rico.* Bulletin of Woman's Bureau #18. Washington, D.C.: U.S. Govt. Printing Office, 1934.

Marini, Nydia. *The Role of Women Administrators in the History of Puerto Rican Education.* Ph.D. Dissertation, New York University, 1983.

Muñoz Vázquez, Marya y Edwin Fernández Bauzó. *Divorcio, persona y sociedad.* Río Piedras, P.R.: Centro de Investigaciones Sociales, U.P.R., 1985.

Negrón Muñoz, Angela. *Mujeres de Puerto Rico desde el principio de la colonización hasta el primer tercio del siglo XX.* San Juan, P.R.: Imprenta Venezuela, 1935.

Pagán, Bolívar. *El sufragio femenino.* San Juan, P.R.: 1924.

Quintero Rivera, Angel, ed. *Lucha obrera en Puerto Rico.* San Juan, P.R.: CEREP, 1971.

Ramírez de Arellano, Anette and Conrad Seipp. *Colonialism, Catholicism, and Contraception: A History of Birth Control in Puerto Rico.* N.C., University of North Carolina Press, 1983.

Ríos de Betancourt, Ethel, et al. *La imagen de la mujer en los medios de comunicación.* San Juan, P.R., Comisión para el Mejoramiento de los Derechos de la Mujer, 1978.

Rivera Hernández, Marcia. *Condiciones del empleo doméstico asalariado en Puerto Rico.* San Juan, P.R.: Comisión para el Mejoramiento de los Derechos de la Mujer, 1975.

_____ and Kate Young. *Women and Social Production in the Caribbean.* CEREP and IDS, 1982.

Rodríguez Vera, A. *Agrarismo colonial y trabajo a domicilio.* San Juan, P.R.: 1929.

Santana Maiz, Monserrate. *La mujer en la literatura puertorriqueña.* Tesis M.A. Departamento de Estudios Hispánicos, Universidad de Puerto Rico, mayo, 1932.

Solá, María. *Selección, cronología biográfica y estudio preliminar de "Julia de Burgos: Yo misma fui mi ruta"* (Antología poética). Río Piedras, P.R.: Ediciones Huracán, 1986.

Solá, Mercedes. *Feminismo*. San Juan, P.R.: Cantero Fernández y Cía., 1922.

Stycos, J.M. *Family and Fertility in Puerto Rico*. New York: Columbia University Press, 1951.

Sued Badillo, Jalil. *La mujer indígena y su sociedad*. Río Piedras, P.R.: Editorial El Gazir, 1975.

Valle Ferrer, Norma. *Luisa Capetillo*. San Juan, P.R. 1975.

_____ , Ida Nieves Collazo y Mary Anne Hopgood Santaella. *Calendario de la mujer 1986*. Santurce, P.R. Graf, Inc. 1986.

Vélez de Urrutia, Zulma. *Impacto de los sistemas de apoyo informal en la recuperación de mujeres víctimas de violación en Puerto Rico, 1984-1985*. Disertación doctoral, Escuela Graduada de Trabajo Social, U.P.R., 1986.

Yordán, Haydée. *La influencia de los textos primarios de instrucción pública en la diferenciación de los roles femeninos y masculinos en los niños*. Río Piedras, P.R.: U.P.R., 1974.

Zayas, Nancy y Juan Angel Silén, eds. *La mujer en la lucha de hoy*. Río Piedras, P.R.: Editorial Kikiriki, 1972.

Zeluck, Stephen. *The Effect of the Federal Minimum Wage Legislation upon the Puerto Rican Needlework Industry*. Tesis Doctoral, University of Chicago, 1952.

B. Artículos y folletos

Alvarado, Mercedes. "Rape and Virginity Among Puerto Rican Women". *AEGIS-Magazine on Violence Against Women*, April 1976, pp. 4-6.

_____ . "Rape and Justice". *The San Juan Star Portfolio*, April 13, 1980, p. 7.

Andreu de Aguilar, Isabel. "Reseña histórica del movimiento feminista en Puerto Rico", *Revista Puerto Rico* 1, no. 3 junio 1935, pp. 255-261.

Angueira, Katherine. "La lucha contra la violencia de la mujer en Puerto Rico". Ponencia presentada en el Primer Seminario Latinoamericano de Mujeres por la Paz, San José, Costa Rica, nov. 1985, copia mimeo.

Asociación de Maestros de Puerto Rico. "El texto libre de prejuicios sexuales y raciales". *El Sol*, Año XXVII, núm. 2, 1983.

Azize Vargas, Yamila. "Comentarios a la cuestión femenina puertorriqueña", *Pensamiento Crítico*, marzo-abril 1980, Año III, Núm. 18.

Baerga, María del Carmen. "Wages, Consumption and Survival:

Working-Class Households in Puerto Rico in the 1930s". En Joan Smith, Immanuel Wallerstein y Hans-Dieter Evers, eds. *Household and the World Economy*, Beverly Hills, Sage, 1984.

Benítez de Gautier, Alejandrina. "Sobre la educación de las mujeres". *Guirnalda Puertorriqueña* 1, no. 14, junio 1856, pp. 1-3.

Benítez, Jaime. "La mujer universitaria en la vida puertorriqueña". *La Torre*, vol. 14, 1966, pp. 11-18.

Bobé, Lourdes. "La mujer frente al proceso de envejecimiento". San Juan, P.R.: Comisión para el Mejoramiento de los Derechos de la Mujer, 1978.

Brailowsky, Raquel y Maura Toro. "Bibliografía de la mujer puertorriqueña". San Germán: Universidad Interamericana, abril, 1983, copia mimeo.

Canales, Nemesio. "Nuestras mujeres y la cuestión feminista", *Idearium*, San Juan, septiembre, 1917.

Candelas, L. "Propaganda publicitaria y la mujer en la sociedad de consumo", *Mi Ruta*, vol. 30, no. 23, 1982.

Canino, G.J., M. Bravo, J.M. Rodríguez y M. Rubio. "Análisis del contenido de la televisión en Puerto Rico: violencia, sexo y salud". *Homines*, vol. 9, no. 1-2, 1985, pp. 8-30.

Centro de Estudios de la Mujer, Cayey, Universidad de Puerto Rico. "Directorio de investigaciones sobre la mujer en Puerto Rico". Borrador preliminar, septiembre de 1986.

Colón, Alice, Margarita Mergal y Nilsa Torres. *Participación de la mujer en la historia de Puerto Rico (las primeras décadas del siglo veinte)*. Centro de Investigaciones Sociales y Universidad Rutgers, New Jersey, 1986.

_____ , Marya Muñoz, Neftalí García e Idsa Alegría. "Trayectoria de la participación laboral de las mujeres en Puerto Rico de los años 1950-1985: Estudio sobre la calidad de vida y la crisis económica en Puerto Rico". 1987, copia mimeo. (De próxima publicación)

Comisión para el Mejoramiento de los Derechos de la Mujer. *Igualdad de oportunidades de empleo para la mujer*. San Juan, P.R.: La Comisión, 1978.

_____ . *Mujer, conoce tus derechos*. San Juan, P.R.: La Comisión, 1978.

De Castro, Héctor. "La mujer y sus derechos políticos". *Revista de Legislación y Jurisprudencia de la Asociación de Abogados de Puerto Rico*, julio-agosto 1917.

De Jesús Collazo, Ida. "Ideología de la familia, mercados segmentados y poder político: el caso de las mujeres". Ponencia en el Primer Simposio sobre el estudio de la Política Puertorriqueña, marzo 1987, copia mimeo.

Delgado Cintrón, Carmelo. "Propuesta para un curso sobre los derechos de la mujer, esquema de estudio y guía bibliográfica". *Revista del Colegio de Abogados de P.R.*, vol. 45, núms. 1-4, enero-diciembre 1984, pp. 95-108.

Federación de Mujeres Puertorriqueñas. *Palabra de Mujer*, revista oficial de la Federación, enero 1977.

Fernández Cintrón, Celia y Marcia Rivera. "Bases de la sociedad sexista en Puerto Rico". *Inter-American Review*, vol. 4, no. 2, 1974, pp. 239-245.

Figueroa, Loida. "Lola Rodríguez de Tió". *Claridad*, San Juan, P.R.: 16-22 de septiembre de 1983.

González, Lydia Milagros. "Tras el mundillo de la aguja". *Claridad*, 2-8 marzo de 1984.

González Bonilla, Violeta. *Efectos psicosociales de la violación durante el período de crisis en una muestra de la mujer puertorriqueña del área oeste.* Centro Caribeño de Estudios Postgraduados, San Juan, P.R.; 1985.

Hernández Alicea, Carmen A. "El discrimen contra la mujer en el programa de instrucción vocacional y técnica del Departamento de Instrucción Pública de Puerto Rico". Tesis, Universidad de Puerto Rico, Esc. de Administración Pública, 1977.

Herrera, Sylvia. "La mujer casada y la acción por daños y perjuicios". *Revista Jurídica de la Universidad de Puerto Rico*, vol. 34, no. 3, 1965, pp. 397-422.

Homar, Susana. "Inferioridad y cambio: los personajes femeninos en la literatura puertorriqueña". *Revista de Ciencias Sociales*, vol. 20, no. 3-4, diciembre 1978, pp. 287-304.

Hostos, Eugenio María. "La educación científica de la mujer". *Páginas escogidas*. Ed. José D. Forgionez, Buenos Aires: Estrada y Cía., 1952, pp. 81-94.

Hidalgo, Hilda y Elia Hidalgo Christensen. "The Puerto Rican Cultural Response to Female Homosexuality", en *The Puerto Rican Women*. Ed. Edna Acosta-Belén. New York: Praeger Publ. 1979.

Iglesias, Igualdad. "La mujer obrera en las primeras décadas del siglo 20". *El Nuevo Día*, 8 de marzo de 1975.

_____ . "Apuntes históricos sobre la creación del Departamento del Trabajo". *Revista del Trabajo*, Estado Libre Asociado, vol. X, enero-junio 1982.

Iglesias Pantín, Santiago. "La mujer en Puerto Rico". *Justicia*, enero 21 de 1924.

Knudson, Doris G. "Violencia en la familia". Ponencia presentada en el Congreso de Educación en Trabajo Social, Universidad Interamericana, 9 de febrero de 1984, copia mimeo.

Marcano, Juan. "La mujer obrera", en *Lucha obrera en Puerto Rico*, ed. Angel Quintero Rivera, Río Piedras, P.R.: CEREP, 1972, pp. 66-67.

McBride, N.L. "Women Workers of Puerto Rico". *International Socialist Review*, vol. 18, junio 1917, p. 717.

McCoy, Floyd L. "La visión de la Iglesia sobre la mujer en el siglo XX". Ponencia presentada en el Segundo Encuentro de Historiadores de la Iglesia, abril, 1986.

Meléndez, Concha. "Ana Roqué de Duprey: Biografía en cuatro tiempos", en *Figuraciones de Puerto Rico*, San Juan, P.R.: Instituto de Cultura Puertorriqueña, 1958.

Meléndez Muñoz, Miguel. "El feminismo de la mujer del siglo 20". *Puerto Rico Ilustrado*, septiembre 8 de 1917.

Mercado, J. "Violación sexual: nueva responsabilidad del Estado". *Revista de Administración Pública*, U.P.R., vol. 9, no. 2, 1978; pp. 99-148.

Mi Ruta, publicación oficial del Centro de la Mujer del Colegio Universitario de Aguadilla de la U.P.R.

Molina, Eneida. "Módulos para combatir el sexismo en el salón de clases". San Juan, P.R.: Comisión para el Mejoramiento de los Derechos de la Mujer, 1977.

Muñoz Vázquez, Marya. "El significado social del divorcio". *Pensamiento Crítico*, P.R., julio-agosto 1985, Año VIII, Núm. 45.

_____ y María del C. Santos Ortiz. "Un estudio exploratorio de la expresión de la sexualidad femenina: la experiencia de dos grupos de mujeres puertorriqueñas de clases sociales diferentes"; 1986, copia mimeo. (De próxima publicación en Praeger Publ.)

Ni pa' coger impulso. Testimonio de mujeres de Vieques. Río Piedras, P.R.: Movimiento Ecuménico Nacional de Puerto Rico, enero 1984.

Ostolaza, Margarita. "Carta abierta a Celeste Benítez", *El Mundo*, 11 de marzo de 1983.

_____. "Teoría, estrategia y práctica acerca de un programa de Estudios de la Mujer", *Revista Cayey*, marzo 1987, Vol. XIX, Núm. 54.

Padilla de Sanz, Trina. "Sufragismo y feminismo". *El Mundo*, mayo 3, junio 7, junio 19, julio 2 de 1923; mayo 12 de 1927.

Pensamiento Crítico. Edición especial conmemorando la culminación de la década de la mujer. Año VIII, Núm. 44, mayo-junio 1985.

Pérez Velasco, Erik. "La condición obrera en Puerto Rico (1898-1920)", *Plural*, U.P.R., San Juan, vol. 3, Núm. 1-2, enero-diciembre 1984, pp. 157-170.

Picó Vidal, Isabel. "Estudio sobre el empleo de la mujer en Puerto Rico", *Revista de Ciencias Sociales*, vol. 19, no. 2, junio 1975, pp. 141-165.

_____. "Apuntes preliminares para el estudio de la mujer puertorriqueña y su participación en las luchas sociales de principios del siglo XX", en *La Mujer en América Latina*, ed. Carmen Elú de Leñero, México: Sep-Setentas, 1975, pp. 98-113.

_____. ed. *Documentos de la Conferencia Puertorriqueña de la Mujer*. San Juan, P.R.: Comité Coordinador, 1977.

_____. "La mujer puertorriqueña y su participación en la vida pública", en *La mujer marginada por la historia*, ed. Ruth Burgos Sasscer, San Juan, P.R.: Editorial Edil, 1978, pp. 119-129.

_____. *Machismo y educación*. San Juan, P.R.: Comisión para el Mejoramiento de los Derechos de la Mujer, 1979.

_____. "The History of Women's Struggle for Equality in Puerto Rico", en *Sex and Class in Latin America*, ed. June Nash y Helen Icken Safa. New York: Praeger Publ., 1976, pp. 203-213. También en The Puerto Rican Women, ed. Edna Acosta-Belén, New York: Praeger Publ., 1979, pp. 25-37.

_____ y Marcia Rivera. "Datos básicos sobre la mujer en la fuerza trabajadora en Puerto Rico", San Juan, P.R.: Comisión para el Mejoramiento de los Derechos de la Mujer, 1970.

Previdi, Teresa. "La actividad productiva de la mujer dentro de un modo de producción de mercado simple". Copia mimeo, mayo, 1978.

Quintero Rivera, Angel. "Socialista y tabaquero: La proletarización de los artesanos". *Sin Nombre*, vol. 8, no. 4, enero-marzo 1978, pp. 100-137.

Ramírez, Deborah, "Divorce: Marital Breakups Mushrooming on

the Island", Part I and Part II, *The San Juan Star*, December 4-5, 1986.

_____ . "Most isle couples wed in court", *The San Juan Star*, February 15, 1987.

Ramos de Sánchez, Jeannete. "El delito de la violación en Puerto Rico". San Juan, P.R.: Comisión para el Mejoramiento de los Derechos de la Mujer, 1977.

Revista del Colegio de Abogados de Puerto Rico. Número Conmemorativo del Año Internacional de la Mujer. vol. 36, núm. 3, agosto 1975.

Reyes de Martínez, Ana L. "El desarrollo del programa de economía doméstica en Puerto Rico 1903-1964". Río Piedras, P.R.: Departamento de Instrucción Pública, Junta Estatal de Instrucción Vocacional, 1964.

Rivera Hernández, Marcia. "Condiciones del empleo doméstico en Puerto Rico". San Juan, P.R.: Comisión para el Mejoramiento de los Derechos de la Mujer, 1975.

_____ . "Las adjudicaciones de custodia y patria potestad en los tribunales de familia de Puerto Rico", *Revista del Colegio de Abogados de Puerto Rico*, vol. 39, no. 2, mayo 1978, pp. 177-200.

_____ y Celia Fernández Cintrón. "Bases de la sociedad sexista en Puerto Rico", *Revista Interamericana*, vol. VI, no. 2, 1974.

_____ y Kate Young. "Women and Social Production in the Caribbean". CEREP & IDS, 1982.

Rivera Lassén, Ana Irma. "La organización de las mujeres y las organizaciones feministas en Puerto Rico (1930-1986)"; 1987, copia mimeo.

Rodríguez, María Cristina. "Tres cuentos y cuatro narradoras: Magali García Ramis, Rosario Ferré, Ana Lydia Vega y Carmen Lugo Filippi"; 1987, copia mimeo.

Rodríguez de Tió, Lola. "La influencia de la mujer en la civilización", "La educación de la mujer", "Feminismo", en *Obras Completas*, vol. IV, San Juan, P.R.: Instituto de Cultura Puertorriqueña, 1971.

Roqué de Duprey, Ana. Revista de la Asociación de Mujeres Graduadas de la Universidad de Puerto Rico. Río Piedras, octubre 1941. Número dedicado a Ana Roqué.

Safa, Helen Icken. "Class Consciousness Among Working-Class Women in Latin American Puerto Rico", en *Sex and Class in*

Latin America. Ed. June Nash & Helen Icken Safa, New York: Praeger Publ., 1975, pp. 69-85.

Samalea Iglesias, Luis. "Puede la Legislatura de Puerto Rico conceder el voto a la mujer", *Revista de Legislación y Jurisprudencia de Puerto Rico*, mayo-junio 1919.

Sánchez Korrol, Virginia. "On the Other Side of the Ocean: The Experience of Early Puerto Rican Migrant Women", *Caribbean Review*, vol. 7, no. 1, enero-marzo 1979, pp. 22-28.

Santana Cooney, Rosemary y Alice Colón. "Work and Family: The Recent Struggle of Puerto Rican Females", en *The Puerto Rican Struggle: Essay on Survival in the U.S.*, Ed. Clara E. Rodríguez *et al.*, New York: Puerto Rican Migration Research Consortium, 1979, pp. 58-73.

Santiago de Curet, Annie, ed. *El arte de la aguja en Puerto Rico* (Antología); Fundación Puertorriqueña de las Humanidades, Museo de la Fundación Arqueológica de Puerto Rico, mayo 1980.

Santiago-Marazzi, Rosa. "Discrimen por razón de sexo en los Programas de Instrucción Vocacional y Técnica en Puerto Rico". San Juan, P.R., Comisión para el Mejoramiento de los Derechos de la Mujer, 1977.

Santos Silva, Loreina. "Esquema biográfico de Carmela Eulate Sanjurjo, primera mujer humanista de Puerto Rico", Recinto Universitario de Mayagüez, Copia mimeo, 1987.

_____ y José Berríos. "Women in Higher Education in Puerto Rico", Office of Scientific Research-U.P.R. Mayagüez Campus, May, 1982.

Silva de Bonilla, Ruth. "Amas de casa en la fuerza de trabajo asalariado en Puerto Rico: un estilo de la ideología dominante en la conciencia de las mujeres trabajadoras", Copia mimeo, 1981.

Sued Badillo, Jalil. "Las cacicas indoantillanas", *Revista del Instituto de Cultura Puertorriqueña*, no. 87, enero-marzo 1985, pp. 17-26.

Tapia y Rivera, Alejandro. "El aprecio de la mujer", *Azucena*, vol. 1, no. 2, noviembre 1870, pp. 9-10.

U.S. Department of Labor. "Labor Conditions in Porto Rico, 1930", *Monthly Labor Review*, vol. XXXI, no. 2, August 1930.

_____. "Report on Puerto Rico: The Needlework Industry", Mimeo, Washington, D.C., 1940.

Valle, Ambrosio del. "La mujer casada comerciante: problemas jurídicos que plantea la situación", *Revista de Derecho Puertorriqueño*, vol. 7, no. 27, enero-marzo 1963.

Vázquez Calzada, José Luis. "La esterilización en Puerto Rico", *Revista de Ciencias Sociales*, vol. 17, no. 3, septiembre 1973, pp. 281-308.

Wagenheim Jiménez, Olga. "The Puerto Rican Woman in the 19th Century: An Agenda for Research", *Revista Interamericana*, Vol. XI, no. 2, 1981.

Weller, Robert. "Historical Analysis of Female Labour Force Participation in Puerto Rico", *Social and Economic Studies*, vol. 17, no. 1, marzo 1968, pp. 61-72.

Woman Citizen, "Woman Suffrage in Puerto Rico", New York: April 4, 1925.

C. **Películas y documentales**

Modesta. Director: Benji Dorniger, Departamento de Instrucción Pública, 16mm, 36 min., color, 1956.

Vida y poesía de Julia de Burgos. Director: José García Torres. 16mm, 28 min., color, 1979.

Siempre estuvimos aquí. Comisión para el Mejoramiento de los Derechos de la Mujer. Dirección: Marcos Zuriñaga, Sandino Films, 16mm, 30 min., color, 1978.

La operación. Dirección y producción: Ana María García, 16mm, 40 min., color, 1982.

Luchando por la vida: las despalilladoras de tabaco y su mundo. Director: José Artemio Torres, 16mm, 40 min., color, 1984.

La participación de las mujeres en la historia de Puerto Rico durante las primeras décadas del siglo veinte. Director: Alice Colón, Margarita Mergal, Nilsa Torres. Video-documental, 23 min., color; 1986. Centro de Investigaciones Sociales-Centro de Recursos y Servicios a la Mujer (CERES).

La otra cara de la historia. Centro de Estudios de la Realidad Puertorriqueña. Director: Carlos Malavé, video-documental, 35 min., color, 1986.

Cronología: La mujer y el cambio social en el Puerto Rico del Siglo XX

1898 Invasión de Estados Unidos a Puerto Rico como una de las consecuencias de la Guerra Hispano-norteamericana. El desarrollo económico de la Isla se orienta hacia el modo de producción capitalista, lo que acelera la incorporación de miles de mujeres al trabajo asalariado, particularmente en la industria del tabaco y la aguja.

1899 El Centro de Estudios Sociales, fundado por Santiago Iglesias Pantín en 1897 con el propósito de reunir a los trabajadores de ambos sexos en todas las ramas de la producción, discute y respalda el derecho al voto para los trabajadores de ambos sexos y la formulación de reglas para el empleo de la mujer.

1904 El directorio de la Federación Libre de Trabajadores registra la existencia de ocho uniones de mujeres que aglutinan alrededor de quinientas unionadas.

1907 La líder anarcosindicalista y feminista obrera Luisa Capetillo publica su primer libro —*Ensayos libertarios*— dedicado "a lo trabajadores de ambos sexos". A éste seguirán otros, y una revista, "La mujer".

1908 Continúa creciendo el número de mujeres asalariadas, así como las huelgas en demanda de mejores condiciones de trabajo. El Quinto Congreso Obrero de la Federación Libre de Trabajadores celebrado en Arecibo aprueba dos importantes resoluciones. La primera, para desarrollar una campaña de unionización entre las mujeres obreras. La segunda, "para procurar introducir en las Cámaras Legislativas de Puerto Rico una ley por la cual se conceda el derecho del voto a la mujer puertorriqueña".

1909 Nemesio Canales presenta ante la Legislatura de Puerto Rico el proyecto de ley "Para la emancipación legal de la mujer" que además de proponer el sufragio universal, pretendía equiparar la posición del hombre y la mujer en otros aspectos de la norma jurídica. El proyecto no es aprobado. Se inicia así una larga lucha de veinte años en los que se presentan cerca de doce proyectos diferentes solicitando el sufragio para la mujer.

1915 Fundación del Partido Socialista, que incluye en las bases de su programa político el sufragio universal para hombres y mujeres. Se convierte, así, en el primer partido político en Puerto Rico en consignar este derecho.

1917 En junio de este año Ana Roqué Duprey y Mercedes Solá comienzan la publicación del periódico feminista *La mujer del siglo XX*, que será uno de los vehículos organizativos de la Liga Femínea Puertorriqueña. Esta asociación, fundada en agosto de ese año, será la primera organización sufragista que se da a la tarea de luchar por el voto para las mujeres alfabetas de Puerto Rico.

1919 Celebración del Primer Congreso de Trabajadores en el que cientos de mujeres obreras reclaman "el engrandecimiento y elevación moral y cultural de la mujer, como madre, esposa e hija, reconociéndole todos los derechos civiles en igual escala que los disfrutan los hombres; la mujer debe ser una ciudadana libre, ...y no la sierva o esclava del hombre".

1920 Genara Pagán, tabaquera y líder obrera desafía la aplicabilidad en Puerto Rico de la Enmienda 19 a la Constitución de los Estados Unidos (que confería el voto a las mujeres norteamericanas) inscribiéndose como electora. Su acto conmociona las estructuras jurídicas del país que acuden al Negociado de Asuntos Internos en Washington quienes dictaminan que la enmienda *no era* aplicable a Puerto Rico.

1921 Las repetidas frustraciones de la Liga Femínea con la Legislatura desde el año de su fundación provocan su casi total desaparición. Sin embargo, dos nuevas organizaciones de mujeres se fundan este año, la *Asociación Feminista Popular*, de mujeres obreras, con miras a "tener acción en la vida pública y gozar de los mismos derechos que el hombre"; y la *Liga Social Sufragista* para luchar por iguales derechos en el orden político (para ambos sexos), "si bien aceptado y acatando el orden familiar y dentro de éste la jefatura del esposo".

1924 La tabaquera Mariana Morales Bernard y la presidenta de la Liga Social, Milagros Benet, radican un *mandamus* solicitando el derecho al sufragio para las mujeres puertorriqueñas. El recurso jurídico, radicado por Bolívar Pagán, no tiene éxito. El acto unitario entre sufragistas y obreras provoca malestar entre algunas sufragistas.

1925 Una nueva organización sufragista nace —la Asociación Puertorriqueña de Mujeres Sufragistas— producto de las discordias en la Liga Social Sufragista. El nuevo grupo se identifica con la "Alianza de Puerto Rico", de reciente fundación, que agrupaba sectores conservadores de otros partidos políticos puertorriqueños.

1926 Se funda en Puerto Rico la Asociación Panamericana de Mujeres, que comienza a desarrollar el "cabildeo" legislativo en Washington con miembros del Congreso y en el Partido Nacional de Mujeres, en busca del sufragio para la mujer.

1927 Se agudiza la controversia entre "sufragio universal" vs. "sufragio restringido". La Asociación Puertorriqueña de Mujeres Sufragistas decide defender el sufragio restringido provocando así la ruptura del frente unido hecho por la Asociación Feminista Popular, de mujeres obreras. La otra organización, la Liga Social Sufragista, continúa defendiendo el sufragio universal.

1928 La Cámara de Representantes de los Estados Unidos aprueba un proyecto para hacer extensiva a Puerto Rico la Enmienda 19 de la Constitución, y así otorgar el sufragio universal a las mujeres.

1929 Enero- El Comité de Territorios y Posesiones Insulares le da también su respaldo al proyecto aprobado por la Cámara de Representantes. Varios líderes de la "Alianza", grupo político en el poder en Puerto Rico, se sienten presionados por las gestiones de Washington. Deciden presentar uno en Puerto Rico pero con ciertas restricciones.

Abril- La Legislatura en Puerto Rico (que por espacio

de veinte años consideró cerca de doce proyectos de sufragio para la mujer) concede el sufragio restringido a las mujeres puertorriqueñas alfabetas mayores de veintiún años.

1929 Líderes de la Liga Social Sufragista, el Partido Socialista y la Federación Libre de Trabajadores protestan contra el discrimen de la nueva ley hacia miles de mujeres trabajadoras puertorriqueñas.

1930 La participación de la mujer en la fuerza trabajadora de Puerto Rico llega al 26.1 por ciento, una de las cifras más altas registradas a lo largo del siglo veinte.

Se organiza el Bloque de Mujeres No-partidaristas, para proveer orientación y "educación" política a las mujeres que ejercerán su derecho al voto por primera vez próximamente.

1932 Un grupo de alrededor de 50,000 mujeres alfabetas participan por primera vez en las elecciones generales de Puerto Rico.

Se presenta una mujer como candidata a representante para una de las Cámaras Legislativas, María Luisa Arcelay, de Mayagüez, dueña de talleres de la industria de la aguja. Es electa candidata por la Coalición (alianza electoral entre el Partido Socialista y un sector del Partido Republicano).

1933 Se intensifica el descontento y aumentan las huelgas entre las mujeres trabajadoras de la industria del tabaco y de la aguja.

El Negociado del Trabajo en Puerto Rico calcula que hay cerca de 60,000 mujeres trabajando en la industria de la aguja, padeciendo terribles condiciones de trabajo.

1935 Bolívar Pagán presenta ante la Legislatura el proyecto de sufragio universal para las mujeres en Puerto Rico en nombre del Partido Socialista. Este es aprobado, dando paso así a la participación de más de 200,000 mujeres en las próximas elecciones.

Comienza a funcionar la primera clínica de control poblacional en la Escuela de Medicina Tropical de Puerto Rico.

1936 En las elecciones generales es electa otra mujer a la Legislatura, María Martínez de Pérez Almiroty, representando al Partido Liberal Puertorriqueño. Se convierte en la primera mujer senadora.

La destacada poetisa Julia de Burgos habla ante el Frente Unido Pro Convención Constituyente sobre "La mujer ante el dolor de la patria".

1937 El 24 de junio se convoca un Congreso Obrero de Mujeres como respuesta al interdicto que pretendía invalidar la Ley de salario mínimo para la mujer vigente a partir del 1919. En el programa de trabajo aprobado por el Congreso figura: "la fijación de un salario mínimo adecuado en cada arte, industria o campo de trabajo; el establecimiento de una jornada de trabajo que proteja la salud y energías físicas de la mujer; lucha vigorosa por reglamentar y eventualmente suprimir el trabajo a domicilio; campaña porque se pague igual salario allí donde la mujer realiza idéntica labor que el hombre".

El gobernador norteamericano en Puerto Rico, Blanton Winship, aprueba la ley 136 con la que se legaliza la esterilización para el programa de control poblacional desarrollado por el gobierno.

1940 Década marcada por el cambio en el desarrollo económico. Gran merma en la actividad agrícola y auge en la industrial. Comienzan los grandes movimientos migratorios dentro de la Isla y hacia la costa este de los Estados Unidos. Concentración industrial en los centros urbanos. La industria del tabaco y la aguja declinan, pero la mujer trabajadora ingresa como asalariada en diversos sectores de la industria de manufactura. La concesión del voto parece aplacar las luchas feministas.

1946 A casi una década de establecerse el programa de esterilización para las mujeres, se estima que el 7 por ciento de las puertorriqueñas en edad reproductiva están esterilizadas.

1947 La Legislatura aprueba el Acta de Incentivos Industriales, dando paso al intenso programa de industrialización conocido como Operación Manos a la Obra.

1954 El demógrafo J.M. Stycos encuentra que el 16.5 por ciento de la población femenina de veinte años en adelante estaba esterilizada.

1956 Comienza a experimentarse con mujeres puertorriqueñas la píldora contraceptiva elaborada en Estados Unidos. Era la primera vez que se probaba dicho anticonceptivo en mujeres. Esta pastilla era 20 veces más fuerte que la utilizada posteriormente.

1969 Década marcada por el resurgimiento del tema feminista

tanto en Puerto Rico como en otros países del mundo. La participación de la mujer en la fuerza trabajadora comienza a aumentar (22.9 por ciento). De igual modo aumentan las mujeres jefas de familia, los divorcios y el nivel de escolaridad de la mujer que a partir de esta década comienza a sobrepasar el del hombre.

1971 Los trabajos de investigación y recuperación histórica desarrollados por el Centro de Estudios de la Realidad Puertorriqueña (CEREP) comienzan a redescubrir una historia olvidada, particularmente la de la clase obrera a principios del siglo veinte y la activa participación que habían tenido cientos de mujeres en el movimiento obrero organizado durante aquella época. Parte importante de estos hallazgos se publican en el libro *Lucha Obrera* de Angel Quintero Rivera.

1972 Fundación de Mujer Intégrate Ahora (MIA), organización feminista de mayor longevidad en Puerto Rico durante la década de los años 70.

1973 La Comisión de Derechos Civiles de Puerto Rico publica su estudio sobre la situación de la mujer *La igualdad de derechos y oportunidades de la mujer puertorriqueña*.

1974 Puerto Rico se convierte en el país de más alta tasa de esterilización femenina; 5 por ciento de las mujeres puertorriqueñas mayores de 26 años se han esterilizado.

Comienza a funcionar la Comisión Pro Mejoramiento de la Mujer adscrita a la Oficina del Gobernador.

1975 Se funda otra organización feminista, la Federación de Mujeres Puertorriqueñas, con miras a organizar e integrar a las mujeres trabajadoras a luchas por mejorar su situación.

Comienza a publicarse *El tacón de la chancleta*, revista feminista de corta duración.

1977 Celebración de la Primera Conferencia de la Mujer Puertorriqueña con la participación de mujeres políticas, artistas, trabajadoras, etc.

Sale a la luz el primer número de *Palabra de Mujer*, revista de la Federación Puertorriqueña de Mujeres.

Inauguración del Centro de Ayuda a Víctimas de Violación para atender a las mujeres afectadas por lo que se convierte en el delito sexual número 1 en Puerto Rico.

1978 La participación de las mujeres en la fuerza trabajadora llega a la cifra record de 28.2 por ciento.

1979 La Casa Protegida Julia de Burgos abre sus puertas. Dirigida por un grupo de feministas puertorriqueñas este albergue ofrece ayuda a mujeres víctimas de violencia y maltrato conyugal.

1980 Puerto Rico alcanza otra cifra record en el mundo al figurar como uno de los primeros tres países con más alto índice de divorcios. En este año se registran 15,276 casamientos y 33,167 divorcios. Aumenta también el número de mujeres jefes de familia a un 21.27 por ciento.

1981 Se funda el primer Centro de la Mujer adscrito a una institución universitaria, en el Colegio Regional de Aguadilla, quienes publican *Mi Ruta*, cuadernos de divulgación feminista.

1982 Creación del Centro de Investigación y Documentación de la Mujer (CIDOM) con sede en la Universidad Interamericana, Recinto Metropolitano.

Se crea la Comisión Especial de Asuntos de la Mujer del Senado de Puerto Rico, presidida por la senadora Velda González.

Se constituye la Organización Puertorriqueña de la Mujer Trabajadora para luchar por reivindicaciones inmediatas y urgentes de las mujeres trabajadoras: discrimen, doble jornada de trabajo, esterilización, necesidad de centros de cuidado infantil.

1983 Se constituye Feministas en Marcha como organización "alternativa de feminismo político". FEM introduce la celebración del Cerdo de Oro para denunciar anuncios que en prensa, radio y televisión divulgan la imagen de la mujer como objeto sexual.

1984 Creación del Centro Coordinador de Estudios, Recursos y Servicios a la Mujer (CERES) adscrito al Centro de Investigaciones Sociales de la Universidad de Puerto Rico.

1985 Por primera vez en la historia de Puerto Rico se designa a una mujer al Tribunal Supremo: la Lcda. Miriam Naveira Rondón.

Se inaugura la oficina de Asuntos de la Mujer adscrita al municipio de San Juan.

1986 Comienza a funcionar el Proyecto de Estudios de la Mujer en el Recinto Universitario de Cayey de la Universidad de Puerto Rico con miras a desarrollarse como centro de investigación y documentación, ofrecer cursos y servicios de orientación a la comunidad universitaria y público general sobre la situación de la mujer en la sociedad puertorriqueña.

1987 Se presenta ante la Legislatura un proyecto para combatir el hostigamiento sexual en el empleo. El Senado lo aprueba, pero se estanca en la Cámara de Representantes.

De la polilla a la virtud:
Visión sobre la mujer de la Iglesia jerárquica de Puerto Rico

María F. de Barceló Miller

> *La polilla procede de los vestidos y de la mujer
> la iniquidad del hombre. La mujer es lazo de
> cazadores, su corazón la red, sus manos
> las prisiones.*
>
> Fray José M. Hernández
> "Disertación Canónico-Moral,
> *B.E.*, Año I, Núm. 15,
> 15 de julio de 1864.

> *No lo dudéis, la mujer cristiana, con su
> ardiente fe católica y sus virtuosos ejemplos
> es la llamada por un misterio de la
> Providencia a salvar la sociedad moderna,
> herida de muerte por la incredulidad y la
> corrupción, su inseparable compañera.*
>
> *Juan Antonio Puig*, Obispo de Puerto Rico
> "Carta Pastoral", *B.E.*, Año XXVI,
> Núm. 15, 26 de julio de 1884.

María de F. Barceló Miller es Catedrática Auxiliar de historia de la Universidad del Sagrado Corazón, donde dicta cursos sobre historia de Puerto Rico, historia medieval e historiografía. Obtuvo el grado de M.A. en la Universidad de Puerto Rico y próximamente iniciará sus estudios doctorales en ese mismo centro. Es autora de *Política ultramarina y gobierno municipal: Isabela, 1873-1887* (Ediciones Huracán, 1984). Sus más recientes investigaciones giran alrededor de la historia de la Iglesia Católica en Puerto Rico, con especial atención a la problemática Iglesia-mujer.

Introducción

La historia de la mujer en la Iglesia está aún por escribirse. El tema, sin embargo, tiene gran importancia si pensamos que, pese a la marginalidad que ha sufrido y sufre la mujer en la Iglesia, su obra se ha dejado sentir. De otra parte, las mujeres constituyen más de la mitad de la feligresía católica y el número de monjas supera por mucho al de sacerdotes.[1] No obstante, uno de los grandes retos que enfrenta la Iglesia en el siglo XX es la problemática de la mujer.

A las controversias del control de la natalidad, del siempre condenable aborto, del divorcio, se le suma otra de igual importancia: la participación de la mujer en la Iglesia. La presencia femenina en concilios, sínodos y comisiones es prácticamente ninguna. Tómese como ejemplo el Concilio Vaticano II. De más de 2,500 participantes sólo 7 eran mujeres, y éstas sin derecho al voto.[2] Si tomamos en consideración la exigua participación de la mujer en uno de los concilios más importantes en la historia y que el mismo se celebró en la segunda mitad del siglo XX, no debe sorprender que hoy día la polémica en torno a la ordenación de mujeres produzca escalofríos a más de un miembro de la alta jerarquía eclesiástica.

Este no es el foro indicado para tratar los orígenes del control masculino sobre la Iglesia. Pero estamos seguros de que este dominio parte de la idea o visión de la mujer que tenía el antiguo judaísmo, el cual influyó en el pensamiento cristiano.

> La idea de que la mujer es propiedad del marido refleja el punto de vista dominante en el judaísmo tardío a este respecto. (Esta perspectiva ya se daba en el judaísmo

---

[1] Mario A. Rodríguez León, "La discriminación de la mujer en la Iglesia", *Cruz Ansata*, Vol. 6, 1983, p. 78.
[2] *Loc. Cit.*

antiguo.) De acuerdo con tal concepción el ámbito de la mujer se reduce a la casa. La inferioridad jurídica de la mujer va unida a su infravaloración en el orden ético-moral: la mujer aparece en el mismo plano que los paganos y las personas sin formación o que los niños o esclavos. Se ve en ella un símbolo del mal, circunstancia que obedece a que la antigüedad tardía interpreta Gn 3 en el sentido de que Eva fue el origen del pecado. Así se da un fundamento teológico y exegético a la desigualdad de los sexos en el plano antropológico y ético.[3]

De acuerdo con esta interpretación la mujer desempeñó un papel decisivo en el pecado y fue la responsable de la expulsión del paraíso, lo cual probaría su inferioridad respecto al hombre.[4] Esta visión de la mujer como fuente generadora de maldad y perversidad, unida a las ideas morales en torno a los deberes de la esposa y la madre, impregnó el pensamiento cristiano y sirvió de argumento para relegarla a un puesto de segundo orden en la Iglesia.[5]

Si nos preguntamos cómo se ha estudiado esta política discriminatoria en la Iglesia confirmamos, una vez más, que la marginalidad de la mujer en la misma ha llegado a tal grado, que son muy pocos los estudios que le han dedicado tiempo a este tema. Los trabajos publicados son bastante recientes.[6]

La situación en Puerto Rico es más crítica: la historiografía eclesiástica es escasa, la feminista recién se inicia formal y sistemáticamente, y la historia de la mujer en la Iglesia todavía no se ha escrito.[7]

Sin ánimo ni intención de menospreciar la historiografía eclesiástica, hay que reconocer que ésta ha estado divorciada

---

[3] Ida Raming, "Origen del dominio masculino en la Iglesia", *Concilium*, Año XVI, Núm. 154, abril de 1980, p. 9.
[4] *Ibid.*, p. 12.
[5] *Ibid.*, p. 13.
[6] Véase, *Concilium*, Año XVI, Núm. 154, abril de 1980.
[7] Al presente Fray Mario Rodríguez León realiza investigaciones sobre la mujer y la Iglesia en Puerto Rico.

de los procesos sociales y económicos insulares. En la mayoría de los casos los estudios tradicionales no han superado los estrechos límites de la narración biográfica de los Obispos, del establecimiento de órdenes religiosas... Desde esta perspectiva se hace difícil captar el verdadero impacto de la Iglesia en Puerto Rico.

Por su parte, la historiografía feminista destaca las motivaciones políticas y económicas que yacen tras las prédicas anti-religiosas de las primeras líderes del obrerismo femenino. Sin lugar a dudas, el acalorado ataque de Luisa Capetillo y sus seguidoras está íntima y estrechamente vinculado a su ideología socialista y a los conflictos de clase de comienzos del siglo. Sin embargo, consideramos que sus exhortaciones van más allá del ataque a una institución a la que consideraban agente del capitalismo. Podrían verse, además, como una crítica y un rechazo, el primero decididamente agresivo, a la vejatoria política de la Iglesia hacia la mujer, que la ata a los tabúes y la reduce a los tradicionales roles de madre y esposa, sin la menor oportunidad de participar, en compañía del hombre, en la vida social:

> Emancipemos a la mujer del rutinarismo enervante llamado religioso que les hace ver en una ley natural, un acto deshonesto y bochornoso.[8]

* * *

> ...estas damas dejan de ser las timoratas del hogar y se lanzan decididas a tomar la vanguardia del formidable ejército obrero para junto a nuestros hermanos defendernos de esta guerra sin ley que día tras día nos declaran los opresores de todos los tiempos.[9]

En este particular aspecto la historiografía feminista no se ha detenido lo suficiente como para medir, en su justa

---

[8] Luisa Capetillo, *Mi opinión sobre las libertades y deberes de la mujer.* Citado en, Yamila Azize, *Luchas de la mujer en Puerto Rico, 1898-1919*, San Juan, 1979, p. 74.

[9] Expresiones de Gregoria Molina en 1904. Citado en Yamila Azize, *op. cit.*, p. 47.

perspectiva, la relación Iglesia-mujer y su impacto en el desarrollo de un sentimiento anti-religioso en un sector de las mujeres a comienzos de siglo.[10]

Todo lo anterior conduce a reiterar la necesidad de replantear el estudio de la historia de Puerto Rico[11] y, en el caso que nos ocupa, la historia de la Iglesia Católica puertorriqueña.

En este ensayo abordaremos la visión que la Iglesia jerárquica tenía sobre la mujer en el Puerto Rico de los siglos XVIII y XIX. Durante los 200 años que transcurren entre 1700 y 1900, tanto la Iglesia institucional como la mujer sufren los efectos de las transformaciones que experimenta la sociedad puertorriqueña. La Iglesia paulatinamente pierde su influencia en casi todos los terrenos.[12] Cientos de mujeres, por su parte, comienzan a incorporarse a la fuerza laboral,[13] a partir de los primeros años del siglo XX.

El análisis del efecto de los cambios que experimentan la Iglesia y la mujer es un buen punto de partida para iniciar el examen de la relación Iglesia-mujer y sus implicaciones en la participación femenina en la comunidad de creyentes. También conduce a indagar el rechazo o la aceptación de las normas cristianas en una sociedad en la que la mujer comenzaba a desempeñar un rol distinto al concebido por la Iglesia.

No pretendemos agotar el tema y mucho menos decir la última palabra. Al contrario, si este ensayo suscita discusiones, preguntas y comentarios, habrá cumplido su encomienda.

---

[10] Véase Norma Valle Ferrer, "Luisa Capetillo (1879-1922), una herejía en la sociedad puertorriqueña", *Caribe*, Año IV-V, Núms. 5-6, 1983-1984, pp. 3-83.

[11] Véase Gervasio L. García, *Historia crítica, historia sin coartadas. Algunos problemas de la historia de Puerto Rico*. Ediciones Huracán, 1985.

[12] Fernando Picó, *Iglesia y trabajadores en Puerto Rico, Siglos 18 y 19*. Ponencia presentada en el Primer Encuentro de Historiadores de la Iglesia, febrero 1985, p. 16.

[13] María Barceló Miller, "Del maíz al café: aproximación a la problemática de la mujer trabajadora en Puerto Rico (1493-1898)". Conferencia dictada ante la matrícula de la Federación de Maestros de Puerto Rico, Unión Local de Guaynabo. marzo de 1985. (Inédita)

*El marco económico-social: de la subsistencia
y el contrabando al cultivo intensivo
orientado al mercado exterior*

En 1765 el Mariscal O'Reilly describió el régimen económico-social que regía en Puerto Rico:

> ...esta gente por sí muy desidiosa, y sin sujeción alguna por parte del gobierno, se extendió por aquellos campos y bosques, en que fabricaron unas malísimas chozas...
> Con cinco días de trabajo, tiene una familia plátanos para todo el año. Con éstos, la leche de las vacas, algún casabe, boniatos y frutas silvestres, están contentísimos... Para proveerse del poco vestuario que necesitan, truecan con los extranjeros, vacas, palo de mora, caballos, mulas, café, tabaco o alguna otra cosa, cuyo cultivo les cuesta poco trabajo. En el día han adelantado una cosilla más, con lo que les estimula la saca que hacen los extranjeros de sus frutos.[14]

Más adelante, con relación a las clases sociales, señala:

> Los sujetos distinguidos de la Isla son pocos, la única diferencia entre los otros está en tener alguna cosilla más de caudal o su graduación de oficial de milicias.[15]

Este era el Puerto Rico del siglo XVIII: una isla con muy pocos habitantes que vivían casi en el anonimato y practicaban el contrabando como única alternativa para cubrir las necesidades que la lejana metrópoli no podía satisfacer.

En este sistema, la familia era el núcleo del régimen laboral. Régimen que entrañaba obligaciones mutuas y excluía el trabajo remunerado. La carga de la mujer incluía trabajar en la agricultura, preparar los alimentos, cuidar de

---

[14] "Memoria sobre la Isla de Puerto Rico, de don Alejandro O'Reylly, 1765". En *Crónicas de Puerto Rico (1493-1797)*. Selección, introducción y notas de Eugenio Fernández Méndez, San Juan, Ediciones del Gobierno del Estado Libre Asociado de Puerto Rico, 1957, p. 241.

[15] *Ibid.*, p. 242.

la casa y criar a los niños. El hogar era el centro de todas las actividades de la mujer.[16]

Las transformaciones económicas que la isla experimentó a partir del último tercio del siglo XVIII y durante el siglo XIX estremecieron esta sociedad. El tránsito de una economía de subsistencia a una de cultivo intensivo, orientado al mercado exterior, fue traumático y desgarrador. Con el auge de la industria azucarera las condiciones de trabajo de los esclavos de las zonas costeras se deterioraron.[17] De otra parte, muchos terratenientes de las costas perdieron sus propiedades y emigraron a la montaña con la esperanza de obtener nuevos títulos de tierras. Cuando sus sueños no se materializaban, el agrego era la única escapatoria.

El desarrollo del régimen de las haciendas redujo la importancia de la familia como unidad de producción.[18] A medida que este sistema se afianzaba, los miembros del grupo familiar paulatinamente se incorporaban a él y abandonaban el trabajo para sí. Aunque la producción para el autoconsumo no desapareció por completo, el tiempo invertido en el trabajo para otro se lo restaron al propio, lo que generó la necesidad de aumentar los ingresos en metálico para adquirir lo que ya no podían producir para sí. El desarrollo económico en el Puerto Rico del siglo XIX creó nuevas necesidades al desposeído puertorriqueño. Esta es la médula del hambre, la miseria y la desesperación del jíbaro. La nueva economía, caracterizada por el monocultivo, primero de la caña y luego del café, significó el endeudamiento y el agrego del campesino sin tierras. La economía de las haciendas redujo al jíbaro a la servidumbre económica.

La mujer no permaneció al margen de estas transformaciones. Todo lo contrario, fue parte de esa masa que sufrió la

---

[16] Marcia Rivera Quintero, "Incorporación de las mujeres al mercado de trabajo en el desarrollo del capitalismo. (Esbozos para un análisis)". En *La mujer en la sociedad puertorriqueña*. Selección, introducción y notas por Edna Acosta-Belén, Ediciones Huracán, 1980, p. 43.

[17] Véase Luis M. Díaz Soler, *Historia de la esclavitud negra en Puerto Rico*, Editorial Universitaria, 1981 (reimpresión).

[18] Marcia Quintero, *op. cit.*, p. 44.

subordinación económica: "cientos de mujeres con grandes canastas de paja recorrían la montaña en busca de las preciosas semillas rojas..."[19]

La realidad fue menos poética. El brazo de la recolectora tuvo que desarrollar la difícil destreza de llegar al grano maduro sin tumbar el verde; horas, días, semanas en el mismo quehacer. Descuidó las labores del hogar y la crianza de los niños que, malnutridos, se convirtieron en fácil presa para el bacilo de Koch.

La mujer fue un brazo muy útil para satisfacer las exigencias de un régimen económico que, estimulado por el mercado exterior, se alimentaba de la explotación del campesino desposeído.

Con el deterioro de las condiciones de vida del campesinado no tardaron en aparecer las manifestaciones de una sociedad con graves problemas sociales. A la par que aumentaba la tasa de mortalidad, el alcoholismo, la morfinomanía y la criminalidad comenzaban a preocupar seriamente a las autoridades civiles y religiosas en la isla.[20]

Este cuadro de desigualdades y miseria humana fue el que retrataron los observadores norteamericanos a raíz del cambio de soberanía:

> Tan grande es su pobreza que siempre están endeudados con los propietarios o comerciantes. Viven en casuchas de palos cubiertos de yagua. Se puede encontrar a una familia de 12 amontonados en un cuarto que a menudo sólo contiene un piso sucio. Tienen poca comida que pueda llamarse tal, y sólo muy escasa vestimenta. Se alimentan con frutas, y si son jornaleros, con un poco de arroz y bacalao también.[21]

[19] Citado por Marcia Quintero, *Ibid.*, p. 46.
[20] Véase "Carta Pastoral que con motivo de la Santa Cuaresma dirige a sus diocesanos el Ilmo. Sr. Don Fray Toribio Miguella y Arnedo, Obispo de Puerto Rico." Puerto Rico, Imprenta del Boletín Mercantil, 1895. *Archivo Histórico Arquidiocesano*, Arquidiócesis de San Juan.
[21] Geo. W. Davis, *Report of Brig. Geo. W. Davis on Civil Affairs of Puerto Rico*. Citado en María Dolores Luque de Sánchez, *La ocupación norteamericana y la Ley Foraker (La opinión pública puertorriqueña), 1898-1904*, Editorial Universitaria, 1980, p. 48.

La Iglesia y la mujer en el siglo XVIII

Al examinar las visitas y cartas pastorales de los Obispos de Puerto Rico en el siglo XVIII nos percatamos del desfase que existe entre la realidad de la colonia y las normas que dicta la alta jerarquía eclesiástica. Como es de suponer, este desfase se tradujo muchas veces en una pastoral contradictoria que progresivamente desvincularía al clero católico de la comunidad de fieles. Ya el investigador Fernando Picó demostró cómo las actitudes raciales de los Obispos, su hostigamiento a las expresiones de religiosidad popular, su apoyo incondicional al Estado y las altas exacciones económicas por los servicios religiosos contribuyeron a la desvinculación entre el clero y las masas trabajadoras.[22] A lo señalado por este autor podemos agregar que la política de la Iglesia hacia la mujer también contribuyó al distanciamiento entre la grey creyente femenina y sus dirigentes espirituales. Las normas en relación con la administración de algunos sacramentos, la oposición a las fiestas y diversiones populares y la nefasta visión sobre la sexualidad son, tal vez, los principales elementos en este proceso.

El matrimonio

Un tema constante en la documentación eclesiástica del siglo XVIII es el amancebamiento. Las continuas referencias a este problema evidencian la prioridad que las autoridades religiosas le otorgaban al mismo. La Iglesia condenaba y castigaba esta práctica, mas sin embargo, imponía unos requisitos y fijaba unas normas que obstaculizaban la celebración de matrimonios.

En 1738 el Obispo Francisco Pérez Lozano prohibió los matrimonios entre personas desiguales:

> Por cuanto he providenciado el que no se concedan ni
> libren despachos matrimoniales entre personas que no

[22] Véase Fernando Picó, *op. cit.*, pp. 5-14.

sean iguales en calidad: porque esto tenga efecto, para evitar los perniciosos daños que de lo contrario resultan, prevengo a vmds. que en lo que se ofrecieren, informen a esta Audiencia de la calidad de cada uno de los que pretenden casarse.[23]

El Obispo Francisco Julián Antolino fue mucho más enfático en este aspecto. Reiteró la prohibición de Pérez Lozano, y además, responsabilizó a la mujer por esta situación:

...Experimentándose en esta Isla notable falta de familias de lustre y de limpia generación, siendo la causa haberse unido en matrimonio personas de inferior calidad, de que resultaba irse acabando y extinguiendo las de la gente blanca y por consiguiente temerse llegaría el caso de que no hubiese sujetos en quienes recayesen las elecciones de los oficios políticos, ni pudiesen ser admitidos a los hábitos clericales, ni de las religiones, por lo cual había providenciado en su audiencia eclesiástica no se concedieran despachos para semejantes casamientos, para que de este modo los de inferior calidad se viesen precisados a casar con sus iguales; Nos habiendo experimentado en nuestra Santa y General Visita, además de las justificadísimas causas que movieron a expedir este decreto a dicho Ilustrísimo Señor, que muchas mujeres con conocimiento de no poderse casar por su ínfima calidad, se entregan con infamia sabia, escándalo del pueblo y en grave ofensa a Dios nuestro Señor, a hombres de la principal y media esfera, por el vil interés de que ya que no pueden casar serán dotadas por ellos: Procurando extinguir tan grave delito y abominables máximas, con que el demonio sugiere a tales mujeres para su perdición eterna y temporal, no sólo confirmamos dicho decreto sino que ordenamos y mandamos al cura que es o fuese de este pueblo y a su Teniente, no sólo no pase a casar mujeres cuya calidad es notoriamente inferior a la de los hom-

---

[23] "Edicto del Obispo Lozano prohibiendo licencias matrimoniales entre personas desiguales, 21 de agosto de 1738". En Generoso Morales Muñoz (ed.), *Boletín de Historia Puertorriqueña* (citado en adelante como *B.H.P.*), Vol. 1, Núm. 10, p. 320.

bres con quienes solicitan el matrimonio, aunque haya habido palabra y daños, sino que en este caso, y en el de haber habido escándalo, nos de cuenta para proceder al castigo de uno y otro...[24]

En este decreto del Obispo Antolino la política discriminatoria hacia la mujer es obvia. Sin considerar los daños que la mujer sufre en este tipo de relación o el genuino interés por casarse, se le prohíbe el casamiento y se le critica, con directas alusiones a la vinculación demonio-mujer, por provocar estas situaciones.

Existen otras disposiciones que, pese a sus buenas intenciones, tendieron a obstaculizar la celebración de matrimonios. Los Obispos Antolino, Oneca, Martí y Jiménez Pérez prohibieron la celebración de matrimonios entre los feligreses que no estuviesen bien instruidos en la Doctrina Cristiana. Oneca, por ejemplo, ordenó:

...Por cuanto muchos se determinan a recibir el Santo Sacramento del matrimonio ignorando sus obligaciones y fines, mando que todas las personas que intentasen casarse han de examinarse en la Doctrina Cristiana, que el párroco suspenda la celebración de los tratantes, hasta que lo estén plenamente con especialidad a lo que toca al fin e institución del matrimonio y preceptos especiales de los casados.[25]

Esta disposición tenía la mejor de las intenciones: preparar a las parejas para el buen matrimonio cristiano. Sin embargo, era en extremo difícil hacer cumplir la misma. El propio Oneca era consciente del aislamiento y dispersión de los feligreses y las largas distancias que debían recorrer para llegar a la iglesia:

[24] "Primera visita pastoral del Obispo Antolino al pueblo de la Ribera del Arecibo, 1750", *B.H.P.*, Vol. 1, Núm. 8, p. 251.

[25] "Expediente sobre la Visita Pastoral realizada por el Obispo Pedro Martínez de Oneca a la Isla de Puerto Rico, 1760", *Centro de Investigaciones Históricas* (citado en adelante *C.I.H.*), Archivo General de Indias, Santo Domingo, Carr. 137, leg. 2527.

...causa inmediata de los estupros, adulterios y amancebamientos es la soledad y retiro de las casas en los montes, pero de esto mismo se sigue, la corta o ninguna instrucción, Doctrina y Pasto Espiritual que el párroco puede dar, aunque el más celoso a sus feligreses pues nunca consigue verlos juntos y hay muchos que en un año no entran en la iglesia cuatro veces, y continuamente, por imposibilidad física falta aún el precepto de oír misa los días de fiesta la mitad o tercera parte de los feligreses, pues viviendo a distancias de dos leguas de la iglesia, que esto en todas las parroquias de Puerto Rico se encuentra, y aún doblada la distancia en muchas; bien se ve han de ocurrir muchos accidentes que les impida asistir a Misa, y más con tanto paso de río y lo mucho que llueve.[26]

Si los feligreses a duras penas podían cumplir con el precepto dominical, igualmente difícil les resultaría recibir la instrucción cristiana, que por lo general se impartía los domingos y días de fiesta después de la Misa. Si a esto añadimos las fuertes sumas que cobraba el clero por la celebración de matrimonios y la otorgación de dispensas,[27] la única alternativa que le quedaba a las parejas pobres que vivían en el campo era el amancebamiento. (Es conveniente recordar que analizamos una sociedad rural fundamentada económicamente en la subsistencia.)

La pobre óptica de la Iglesia jerárquica para enfocar este problema es evidente. El divorcio entre la realidad socioeconómica y las directrices en torno a la celebración de matrimonios tendió a dificultar los mismos. Aunque las intenciones eran las mejores, el rígido estilo de la jerarquía eclesiástica dejó fuera del matrimonio consagrado por Dios y su Iglesia a un buen número de mujeres. Esta exclusión debe tenerse muy presente por la implicación que tiene en la relación Iglesia-mujer: la amancebada vive al margen de la Ley Divina en continuo pecado mortal. Mientras viva en ese estado estará fuera de a Iglesia institucional.

---

[26] *Ibid.*, fol. 13, v-14, r.
[27] Picó, *op. cit.*, pp. 12-13.

El tema del amancebamiento estaría incompleto si no se trata lo relativo a la esclava. La constante preocupación con la condición moral de los esclavos que muestra la jerarquía eclesiástica hace suponer que eran muchos los amos que violentaban las pautas marcadas por la Iglesia. Desde las primeras visitas pastorales del siglo XVIII, los Obispos condenan los abusos sexuales a que eran sometidas las esclavas. En 1729 el Obispo Pizarro exponía:

> Porque muchos de los amos de esclavos abusando de su dominio y faltando a la buena educación y enseñanza de éstos en el Santo Temor de Dios y observancia de la divina ley, permiten, consiente, adulan o lisonjean al torpe uso de sus cuerpos a costa del interés perecedero de los partos; y debiendo castigar dichos excesos se los lisonjean...[28]

Para corregir esta situación ordenó que:

> ...el amo o ama que permitiere esto por la primera vez sea multado en once pesos... la segunda en veinticuatro... y la tercera sea desposeído de su dominio, véndase la esclava y pase a tercero poseedor.[29]

Más enérgicas fueron las normas que se dictaron para lidiar con el problema del amancebamiento entre los esclavos:

> Y por cuanto hemos experimentado permiten que los esclavos vivan amancebados y que las esclavas repetidas veces resulta que de estos abominables tratos se hagan embarazadas: ordenamos y mandamos, que así unos como otros procuren con la obligación de celar y velar sobre sus hijos, esclavos y esclavas, so pena que no lo haciendo así se les precisará a la venta de éstos, y su castigo, privando a los dueños de el derecho, pues para todo hay facultades.[30]

---

[28] "Primera visita pastoral del Obispo Pizarro al pueblo e Iglesia de la Ribera del Arecibo, 1729", *B.H.P.*, Vol. 1, Núm. 7, p. 216.
[29] *Loc. cit.*
[30] "Primera Visita Pastoral del Obispo Antolino al Pueblo de la Ribera del Arecibo, 1750", *B.H.P.*, Vol. 1, Núm. 8, p. 249.

Varios elementos se destacan en este artículo de la Visita Pastoral del Obispo Antolino a Arecibo. Es evidente que el Obispo se siente con autoridad para hacer cumplir las normas "..pues para todo hay facultades". Se observa, además, el interés de la jerarquía eclesiástica por el estado moral de los esclavos y se recalca que es obligación del amo hacer cumplir las reglas de la moral y la doctrina cristiana. Por último, es importante destacar la preocupación que muestra el Obispo por las esclavas que queden embarazadas sin estar casadas. El estilo que exhibe el documento presenta una Iglesia protectora de la esclava indefensa, víctima de abominables tratos.

Esta política de tutela también se revela en el énfasis que pone la Iglesia para evitar la separación de los esclavos casados. En 1774, el Obispo Jiménez Pérez ordenó a los párrocos de la isla que hicieran todos los trámites necesarios para que los dueños de uno de los cónyuges esclavos, vendiera al amo del otro al cónyuge que fue separado.[31]

No debemos perder de vista que estas disposiciones en torno a la moralidad, vestimenta, instrucción, matrimonios y vida familiar del estado estaban contenidas en la reglamentación del Estado.[32] De cualquier forma vale destacar que la Iglesia desempeñó un papel importante al ejercer su autoridad e influencia para hacer cumplir estas directrices que, como sabemos, continuamente eran violentadas, y cuando no, pasadas por alto. Sin embargo, en la documentación consultada del siglo XVIII no se ha encontrado ninguna norma en relación con los embarazos de las esclavas como resultado de las relaciones o abusos de sus amos. ¿Qué postura asumió la Iglesia ante la esclava embarazada de un amo? Mientras no encontremos testimonios explícitos que prueben lo contrario debemos suponer que la esclava quedaba incluida en el grupo de mujeres de inferior calidad al que se

---

[31] Cristina Campo Lacasa, *Historia de la Iglesia en Puerto Rico (1511-1802)*, San Juan, Instituto de Cultura Puertorriqueña, 1977, p. 146.

[32] Véase Luis M. Díaz Soler, *op. cit.*, y Aída R. Caro, "La Real Cédula de 1789 y dos reglamentos antillanos sobre la educación, trato y ocupación de los esclavos", *La Torre*, Año XXI, Núms. 81-82, julio-diciembre 1973, pp. 103-130.

le prohibía contraer nupcias con hombres de superior rango en la escala social. Esta situación por un lado agravaba el problema de los amancebamientos y por otro propiciaba el aumento del número de madres solteras, tanto libres como esclavas.

Otros sacramentos
Las directrices en torno al matrimonio no fueron las únicas que tendieron a alejar a la mujer de la Iglesia institucional. Las normas sobre la administración de otros sacramentos también tuvieron, por momentos, un efecto similar.
En 1707 el Obispo Urtiaga ordenó:

> ...mandamos que sin nuestra licencia *in scriptis* ninguna se atreva a parir fuera del pueblo, so pena de Excomunión Mayor a Nos reservada y de doscientos reales de plata...[33]

¿A qué obedece este extraño mandato? Nuevamente observamos el desfase que existe entre la realidad socioeconómica de la colonia y las normas que dicta la jerarquía eclesiástica. Esta disposición tenía la mejor de las intenciones: procurar que las parturientas recibieran los Santos Sacramentos —Confesión y Comunión— ya que su vida corría peligro al dar a luz.

En 1729, cuando apenas llevaba un año en la Isla, el Obispo Pizarro, por las mismas razones, reitera las disposiciones de Urtiaga. Sus motivos son más que loables y la preocupación que muestra por los enfermos y las embarazadas es conmovedora. No obstante, el estilo empleado es severo y evidencia su estrecha óptica para comprender los obstáculos que tenían los enfermos y las mujeres en estado, para cumplir con sus bien intencionadas órdenes:

> Porque en la visita a este nuestro Partido hemos reconocido que muchísimos parroquianos mueren en los

---

[33] "Visita del Obispo al Partido y Pueblo de San Felipe en la Ribera del Arecibo, 1707", *B.H.P.*, Vol. 1, Núm. 5, p. 139.

> campos sin el espiritual socorro de los Santos Sacramentos, en donde no pueden ser asistidos aunque se esmere la vigilancia de su párroco... ordenamos que cualquiera que enfermare... al segundo día se conduzca al pueblo, y lo mismo las mujeres que estuviesen encinta desde que entren en el mes de parir, so pena de excomunión mayor *latae sententiae*...[34]

Pese a que utilizó el recurso más poderoso y temido —la excomunión— los esfuerzos iniciales del Obispo Pizarro no tuvieron los resultados esperados. Le tomó algún tiempo percatarse de que su orden era en extremo difícil de cumplir. En 1734, cuando ya corrían sus ocho años como Obispo, la revocó:

> Y porque por la mucha pobreza de este Partido muchas mujeres se hallan imposibilitadas a venir a parir al pueblo... alzamos la censura de orden a que las mujeres vengan a parir al pueblo... mandamos se puedan quedar en el campo... con tal de que entrando en el mes que esperan el parto se confiesen y comulguen en la Parroquia y den de limosna ocho reales...[35]

El anterior artículo evidencia una política contradictoria. De una parte, el Obispo reconoce la pobreza de los habitantes pero, por otra, impone altas sumas para obtener el permiso para parir en el campo.

Como mencionamos anteriormente, la falta de recursos, el aislamiento y las largas distancias que debían recorrer los habitantes para llegar al pueblo les impedía cumplir con lo ordenado por la alta jerarquía eclesiástica. En ningún momento menosprecian las buenas intenciones de los dirigentes espirituales, sin embargo, se les dificulta compaginar el marco social con las directrices pastorales.

Las medidas que sobre la cuestión de parir en los hatos

---

[34] "Primera Visita Pastoral del Obispo Pizarro al Pueblo e Iglesia de la Ribera del Arecibo, 1729", *B.H.P.*, Vol. 1, Núm. 7, p. 215.
[35] "Segunda Visita Pastoral del Obispo Pizarro al Pueblo e Iglesia de la Ribera del Arecibo, 1734", *B.H.P.*, Vol. 1, Núm. 6, p. 191.

tomó el enigmático Obispo Antolino lograron aproximarse más a la realidad socio-económica en que se desenvolvía la feligresía y constituyen un intento de armonizar las doctrinas de la Iglesia con la realidad social de la diócesis:

> Por cuanto las casas de los feligreses de esta jurisdicción las más se hallan muy distantes de la Iglesia... mandamos las mujeres tengan los partos en sus estancias, confesando y comulgando antes; y dentro de los quince primeros días siguientes al parto traigan a las parroquias a las criaturas para bautizar... y procurando evitar toda contingencia para bautizar en caso de necesidad, dicho cura se instruirá de sus feligreses y a cuatro de los más hábiles que vivan en proporcionadas distancias señalará para que recurran a este remedio, relevando como relevamos a los padres de las criaturas, de pagar por el hecho de tener los partos las mujeres en sus estancias los ocho reales que por dicho capítulo se mandan dar de limosna, en consideración a la indigencia en que se encuentran muchos de estos moradores y súplicas que nos han hecho en los más pueblos de esta isla.[36]

El Obispo cobró conciencia de las realidades sociales y económicas de su diócesis, lo que lo movió a flexibilizar las normas con relación a los partos de las mujeres del campo y la administración del sacramento del bautismo a los recién nacidos. Sin lugar a dudas esta apertura de la Iglesia es un paso muy importante para aminorar el desfase entre la realidad de la Isla y las directrices pastorales.

Sin embargo, observamos que este acercamiento no es general ni uniforme; no se aplica a la administración de otros sacramentos. Recordemos que fue Antolino el que enfatizó la prohibición de matrimonios entre desiguales y que sus sucesores, entre ellos Martínez de Oneca y Martí, no flexibilizaron los requisitos para la celebración de matrimonios. ¿Por qué en algunos momentos la alta jerarquía eclesiástica se mues-

---

[36] "Primera Visita Pastoral del Obispo Antolino al Pueblo de la Ribera del Arecibo, 1750", *B.H.P.*, Vol. 1, Núm. 8, p. 245.

tra más abierta y flexible y en otros vuelve a cerrarse? ¿Cómo se explica esta intermitencia? La historiografía eclesiástica debe buscar una respuesta a esta situación en futuras investigaciones. Por ahora tendremos que conformarnos con señalar que durante el siglo XVIII encontramos una Iglesia con serias dificultades para armonizar sus normas en la administración de algunos sacramentos con las particularidades sociales de la diócesis.

Fandango y sexualidad
En los tiempos del antiguo judaísmo la idea sobre la mujer era nefasta. Ella fue la que provocó, por sus debilidades, la expulsión del paraíso; Eva fue el origen del pecado.[37] A partir de ella, la malignidad femenina no ha cesado de manifestarse: la mujer es carne, desenfreno y pecado.[38] Esta visión impregnó todo el pensamiento cristiano posterior. Muchos siglos tuvieron que transcurrir para que la Iglesia institucional comenzara a transformar esta visión. A pesar de cierta flexibilidad en su estilo y en sus condenas, la jerarquía eclesiástica no dejó de considerar la sexualidad como algo incompatible con la vida cristiana.[39]

Los dirigentes espirituales de la dieciochesca Iglesia de Puerto Rico no fueron la excepción a la regla. A finales del siglo XVIII el Obispo Zengotita señalaba que los vicios dominantes en la sociedad puertorriqueña eran el juego y la sexualidad.[40]

¿Cómo afectó a las relaciones entre la Iglesia y su feligresía este repudio a la sexualidad? De la documentación consultada se desprende que este rechazo afectó dos áreas: las expresiones de la religiosidad popular y las diversiones y bailes del pueblo.

Al analizar las visitas pastorales de los Obispos del siglo XVIII advertimos que el alto clero condenó, muchas veces

[37] Raming, *op. cit.*, p. 9.
[38] Pierre Bonnassie, *Vocabulario básico de la Edad Media*, Editorial Crítica, Grupo Editorial Grijalbo, 1983, p. 144.
[39] *Ibid.*, p. 146.
[40] Campo Lacasa, *op. cit.*, p. 193.

bajo pena de excomunión, las expresiones de la religiosidad popular. En la mayoría de las admoniciones de los jerarcas católicos referentes a esta cuestión, la sexualidad y las "juntas de hombres y mujeres" jugaron un papel muy importante. En 1729 el Obispo Pizarro alababa la devoción de los feligreses pero condenaba las fiestas que con motivo de estas devociones efectuaban:

> El dar veneración a los Santos y a sus Santas imágenes es Santo y loable, para que como grandes de la Casa de Dios sean nuestros abogados; en cuyo obsequio hacen altares en sus casas... Empero porque hemos experimentado que algunos imitadores de Lucifer se valen de estas demostraciones religiosas para con libertad ofender a Dios nuestro Señor, haciendo con esta ocasión velas nocturnas en sus casas, con pretexto de altar y veneración del Santo que celebran, en donde hay muchas juntas de hombres con mujeres y resultan grandes ofensas a Dios; Prohibimos que ninguna persona pueda hacer en su casa altar ni vela nocturna con este pretexto...[41]

Por las mismas razones las fiestas de la víspera de Reyes fueron prohibidas:

> Porque por la miseria humana, todas las juntas de hombres y mujeres son peligrosas... y hemos sido informados que las Vísperas de los Santos Reyes en la noche, profanando lo sagrado de la festividad en que se da a Dios especial culto, con título de Aguinaldo se juntan muchas mujeres y hombres de noche...
>
> exhortamos a los Jueces y Justicias de S.M. a cuyo cargo está la administración de la Real Jurisdicción, lo violenten e impidan...[42]

En 1750, el Obispo Antolino reiteró la prohibición y la extendió a otras festividades y celebraciones:

---

[41] "Primera Visita Pastoral del Obispo Pizarro al Pueblo e Iglesia de la Ribera del Arecibo, 1729", *B.H.P.*, Vol. 1, Núm. 7, p. 214.
[42] *Loc. cit.*

...so pena de excomunión mayor prohibimos que en ellos (templos) se tengan velaciones de noche y mandamos que la Iglesia y ermitas... se cierren al anochecer y no se abran hasta que sea de día: Y bajo dicha pena prohibimos todo género de bailes, entendiéndose hombres con mujeres, aunque sea en bodas y bautizos y en cualquiera función...[43]

En 1787 el Obispo Trespalacios prohibió los rosarios cantados los cuales, según él, se convertían en una noche de diversiones profanas en las que todos los sexos ofendían a Dios.[44]

Tras estas prohibiciones se encuentran los rigurosos valores morales de la época con su lógico rechazo a las "juntas de hombres y mujeres", cuyos efectos en el comportamiento sexual de los individuos son considerados dañinos.

A largo plazo, pese a las buenas y moralizantes intenciones de la Iglesia, estas prohibiciones tendrán el efecto de separar en dos campos las expresiones de religiosidad. De una parte, las ceremonias oficiales de la Iglesia institucional y de otra, las festividades populares que sobrevivieron a pesar de las amenazas de excomunión mayor.

El rigorismo moralista ante el horroroso espectro de la sexualidad llevó a condenar ciertas diversiones y bailes. Como era de esperarse las representaciones de comedias fueron prohibidas:

Siguiéndose los mismos daños... las juntas que tienen los hombres y mujeres que hacen papeles de comedia para instruirse en ellos, no siendo menor la ruina que causa a las almas sus representaciones las prohibimos *In Totu*, así en público como en casas particulares.[45]

[43] "Primera Visita Pastoral del Obispo Antolino al Pueblo de la Ribera del Arecibo, 1750", *B.H.P.*, Vol. 1, Núm. 8, p. 246.
[44] Angel V. Fernández-García, *El Dr. D. Felipe Josef de Trespalacios y Verdeja (Obispo de Puerto Rico). Erector del Obispado de La Habana y su primer Obispo.* Tesis de Maestría, Universidad de Puerto Rico, Escuela Graduada de Historia, 1975, p. 90.
[45] "Primera Visita Pastoral del Obispo Antolino al Pueblo de la Ribera del Arecibo, 1750", *B.H.P.*, Vol. 1, Núm. 8, p. 246.

En 1760 el Obispo Oneca prohibió los fandangos:

> Por cuanto se haya informado de la torpeza y libertad con que por estos parajes se suelen hacer, en los fandangos y bailes y juntándose para ello (con gran estipendio de las costumbres cristianas) hombres y mujeres... que el párroco se esmere en impedir estas juntas licenciosas especialmente de noche...[46]

En 1763 Martí reiteró la prohibición:

> Como se ha introducido en esta Parroquia el abuso y pésima costumbre de ciertos bailes, que llaman fandangos, a quienes se puede aplicar la sentencia bien ponderosa y grave de un Santo Padre de la Iglesia, que dice que no eran otra cosa los bailes que un círculo cuyo centro es el diablo, y las circunferencias sus ministros: Ordenamos y mandamos al Cura de la presente iglesia que clame contra esa desenvoltura de bailes como inventiva del demonio para ruina espiritual de hombres y mujeres...[47]

Al cerrarse el siglo XVIII el Obispo Zengotita continuaba censurando los bailes y ordenaba a los curas que en sus sermones fueran enérgicos para acabar con el desorden que estos bailes generaban.[48]

La preocupación por la conducta sexual de los fieles abarcó, además, cinco problemas muy importantes: la promiscuidad, el incesto, las relaciones pre-matrimoniales, la prostitución y el aborto.

Al Obispo Martí le preocupaba mucho la promiscuidad entre los jóvenes:

> Por cuanto ha llegado a noticia nuestra que los padres de familia permiten un trato libre y licencioso con los

---

[46] "Expediente sobre la Visita Pastoral realizada por el Obispo Pedro Martínez de Oneca a la Isla de Puerto Rico, 1760", *C.I.H.*, Archivo General de Indias, Santo Domingo, Carr. 137, leg. 2527.
[47] "Primera Visita Pastoral del Obispo Martí al Pueblo e Iglesia de la Ribera del Arecibo, 1763", *B.H.P.*, Vol. 2, Núm. 2, p. 35.
[48] Picó, *op. cit.*, p. 10.

hijos e hijas de otras familias, con el pretexto de ser familia entre sí, de cuya comunicación se siguen muchas ofensas contra su Divina Majestad: ordenamos y mandamos a los dichos padres que procedan en adelante con más cautela de la que hasta ahora, impidiendo el trato y comunicación de sus hijos con otros de diferente sexo aunque sean entre sí parientes.[49]

En 1798 el Obispo Zengotita enfatizó este punto:

> Que en atención a que el trato libre y licencioso que permiten los padres de familia a sus hijos e hijas con los de otras familias, se siguen muchas ofensas contra su Majestad Divina, mandamos en virtud de Santa Obediencia a dichos padres de familia que procedan en lo sucesivo con más cautela, impidiendo el expresado trato y comunicación aunque sea entre parientes...[50]

Las condiciones socio-económicas de la Isla en el siglo XVIII —el aislamiento de los habitantes y su escasez de recursos, que se traduce, entre otras cosas, en la imposibilidad de construir viviendas adecuadas— se prestaban para que se desarrollara el problema de las relaciones incestuosas. Aunque no podemos precisar las dimensiones que el mismo alcanzó, las advertencias que hace el Obispo Martí van dirigidas a evitar su progreso:

> ...y al mismo fin de impedir gravísimos pecados: Ordenamos y mandamos a los dichos padres de familia que pongan todo cuidado en separar a los hijos de las hijas, luego que estos lleguen a tener conocimiento y malicia, disponiendo que no duerman en una misma cama, sino que deberán destinarlos para otros sitios...[51]

---

[49] "Primera Visita Pastoral del Obispo Martí al Pueblo e Iglesia de la Ribera del Arecibo, 1763", *B.H.P.*, Vol. 2, Núm. 2, p. 35.
[50] "Visita Pastoral a San Germán del Obispo Zengotita, 1798", *Boletín de la Academia Puertorriqueña de la Historia*, Vol. VII, Núm. 25, p. 112.
[51] "Primera Visita Pastoral del Obispo Martí...", *B.H.P.*, Vol. II, Núm. 2, p. 36.

Las relaciones pre-matrimoniales también fueron objeto del cuidado, celo y preocupación de los Obispos dieciochescos. Por ejemplo, Martínez de Oneca dispuso:

> ...Por cuanto se tiene conocido por experiencia los gravísimos excesos y culpa a que se exponen las personas solteras que tratadas de casarse se comunican en el medio tiempo que pasa de los convenios a la efectuación de los convenios mando que el cura procure cuanto pueda que celen dicha comunicación... y prohibimos para que no se traten...[52]

Años más tarde, el Obispo Martí reiteró lo dispuesto por Oneca:

> ...Para evitar toda obscenidad y torpeza de palabras y acciones ante las personas que han tratado y convenido casarse, les prohibimos la comunicación entre sí y mandamos que el uno no entre en la casa del otro bajo la pena de cuatro reales...[53]

La prostitución y el aborto también preocuparon a los Obispos. Antolino solicitó la ayuda de las autoridades civiles en su lucha contra la prostitución:

> ...Habiendo experimentado e informándosenos en nuestra visita general muchos escándalos y ofensas que se cometen con la Majestad de Dios, procurando evitarlas en cuanto nos sea posible... encargamos a dicho Teniente o jueces... así procuren con el mayor cuidado y vigilancia celar las entradas y salidas en casas sospechosas, por hombres evitando sus tratos y conversaciones cuando lleguen a sospechar no son dirigidas a buen fin.[54]

---

[52] "Visita del Obispo al Pueblo de San Pedro Mártir en la Ribera del Guaynabo", *B.H.P.*, Vol. II, Núm. 9, p. 275.

[53] "Primera Visita Pastoral del Obispo Martí...", *B.H.P.*, Vol. II, Núm. 22, p. 35.

[54] "Visita Pastoral Unica del Obispo Antolino a la Ribera de Santa Cruz del Bayamón, 1750", *B.H.P.*, Vol. II, Núm. 4, p. 113.

No menos celoso fue con relación al embarazo de las mujeres que frecuentaban las casas sospechosas:

> ...y si no obstante su celo y cuidado al que coadyuvará dicho cura capellán, llegase la maldad a hacerse patente y sospechosa, siendo embarazada alguna mujer o mujeres solteras, pasará a hacer averiguación de quien es o procede el preñado y asegurándolas en depósito por que las criaturas no perezcan...[55]

La jerarquía de la Iglesia procuró también proteger la moralidad del clero. A tales efectos el Obispo Trespalacios ordenó que el examen de la doctrina cristiana a las mujeres no se efectuara en sus casas para evitar las murmuraciones que solían originarse.[56]

* * *

Una mirada de conjunto a las relaciones entre la Iglesia y su feligresía en el Puerto Rico del siglo XVIII presenta un panorama complejo. En el caso específico de la mujer observamos que el desfase que existe entre las directrices de la jerarquía religiosa y la realidad socio-económica tiende, por momentos, a alejarla de la Iglesia institucional. En este distanciamiento las normas dictadas para la administración del sacramento del matrimonio desempeñó un papel muy importante.

De otra parte, las constantes admoniciones en torno a la conducta sexual de los feligreses —problema muy vinculado a la mujer por la responsabilidad que a ella se le adjudica en el mismo— evidencia que, pese a todo el empeño que pusieron los Obispos para corregir los abusos, vicios y malas prácticas, su esfuerzo no fue efectivo.

Por el momento concluimos que durante el siglo XVIII la Iglesia jerárquica tuvo que hacerle frente a una serie de

---

[55] *Loc. cit.*
[56] Fernández-García, *op. cit.*, p. 90.

situaciones que afectaban directamente a la mujer y fue muy poco lo que pudo resolver.

El siglo XIX

El siglo XIX se presenta más complicado que el anterior. El tránsito de una economía de subsistencia a una de cultivo intensivo orientada al mercado exterior afectó tanto al campesino y al esclavo como a la jerarquía eclesiástica. La economía de las haciendas empeoró las condiciones de vida y de trabajo de los esclavos y los antiguos agregados y pequeños propietarios fueron sometidos a la servidumbre económica. Las exigencias del nuevo régimen económico que se imponía entraron en conflicto con la jerarquía eclesiástica pues significaron el descalabro de las estructuras de la vida cotidiana en Puerto Rico y la pérdida de la influencia de la Iglesia en casi todas las esferas de la sociedad. Fernando Picó describe esta nueva problemática en los siguientes términos:

> La organización de la producción de los monocultivos entró en conflicto con el antiguo calendario religioso. Las prioridades de la producción indujeron también a otras prácticas y aceleraron otros cambios. Los amos retrasaron el bautismo de sus esclavos bozales, y escasamente promovieron el matrimonio de sus siervos. Las necesidades del trabajo estacionario en la costa y en la montaña resultaron en las frecuentes separaciones de cónyuges y en la fragmentación de la familia trabajadora. El desarrollo de los cafetales en la cordillera propició el surgimiento de núcleos poblacionales apartados a donde escasamente llegaba el ministerio sacramental. Las nuevas ideas liberales del siglo 19, basadas en la supremacía del capital y en la secularización de las instituciones políticas y sociales, inquietaban los ánimos de los nuevos sectores dirigentes del país y los hacía menos asequibles a las directrices religiosas del clero.[57]

---

[57] Picó, *op. cit.*, pp. 15-16.

La pérdida de influencia que sufre la Iglesia se agrava por los problemas internos que la aquejan:

> El clero en general es ignorante, incontinente y algo aficionado a la independencia. Su ignorancia proviene de que los estudiantes no se dedican a las ciencias religiosas, ya porque el clima no permite estudios serios y ya también porque no tienen necesidad de estudiar mucho para conseguir un curato; pues no siendo posible en los concursos la competencia de clérigos o estudiantes forasteros, tienen los del país la seguridad que si aprenden un poco de Latín y Moral han de ser rogados tarde o temprano para servir las parroquias siquiera porque no estén vacantes mucho tiempo.[58]

La pérdida de influencia obliga a la Iglesia a flexibilizar sus normas, como única alternativa para recuperar el terreno que se ha perdido. Por eso no es de extrañar que hacia 1849 el Obispo Gil Esteves en una carta al Nuncio en Madrid le comunique que:

> Entre los varios puntos que en la Moral Evangélica y la civilización se resienten de la falta de doctrina y aislamiento con que viven la mayor parte de los moradores de esta isla y demás Antillas, se nota el importante del matrimonio: pues que al paso se mira con desdén su legítima celebración son frecuentísimos los concubinatos y lo que es peor las uniones incestuadas hasta en los grados más cercanos. Ambas supremas autoridades han reconocido constantemente tan lamentables abusos y mientras por su parte la autoridad civil ha perseguido los concubinatos en general, la Suprema de la Iglesia ha aflojado el rigor de la disciplina, facultando a todos los prelados de estos lejanos países para que dispensando como Delegados Apostólicos los impedimentos matrimoniales, hasta con el primero y segundo grado

---

[58] "Informe sobre algunos puntos concernientes al Obispado de Puerto Rico", en *Caribbean Studies*, Vol. 14, Núm. 4, pp. 166-167. (Transcripción de un documento que se refiere a una copia micrográfica depositada en el *A.G.P.R.* El original se encuentra en el Archivo Secreto del Vaticano en Roma).

inclusive, facilitaran los matrimonios legales con la legitimación de sus hijos.[59]

En 1852 el Obispo Gil Esteves vuelve sobre este asunto, aunque con un estilo más enérgico:

> Procurará por todos los medios que estén a su alcance desterrar el abominable amancebamiento de los feligreses ya sean libres ya esclavos recordándoles con unción y caridad evangélica las fatales consecuencias que experimentarían en sus personas y en la de sus hijos y familias y que en el desgraciado caso de morir en tal estado, les denegaría la Iglesia los auxilios espirituales y demás gracias que con mano liberal derrama sobre sus hijos; a cuyo fin procurará por su parte facilitarles todos los medios necesarios...[60]

Para procurar un mayor acercamiento con la feligresía y detener el proceso de distanciamiento entre el pueblo creyente y sus dirigentes espirituales, el Obispo Esteves propuso un plan de pláticas doctrinales y recomendó la fundación de nuevas parroquias.[61]

Las corrientes del liberalismo eran otro poderoso y temido enemigo de las doctrinas católicas. En el *Boletín Eclesiástico de la Diócesis de Puerto Rico*, la publicación oficial de la Iglesia en el siglo XIX, apareció en 1864 un ensayo muy interesante titulado "La educación para ser buena debe ser religiosa". En el mismo, de principio a fin, se ataca al liberalismo. Tómese como ejemplo la siguiente cita:

> ¿Vendrán a decirme que hablo aquí como sacerdote enemigo de las ideas liberales? Pero, ¿qué significa ese

[59] "Carta del Obispo de Puerto Rico, Sr. Gil Esteves, al Nuncio de Su Santidad en Madrid", *Ibid.*, p. 164.
[60] "Santa Visita del Obispo Esteves a la Iglesia Parroquial de San Antonio de Padua de Dorado, 1852". Libro de Circulares y Visitas de la Iglesia Parroquial de San Antonio de Padua de Dorado (1848-1907), Fol. 24. En el *Archivo Histórico Arquidiocesano*, Arquidiócesis de San Juan.
[61] "Informe sobre algunos puntos concernientes al Obispado de Puerto Rico". *Op. cit.*, pp. 165-166.

lenguaje? Sí, convengo en que la religión es enemiga, y se gloría de serlo, de esas doctrinas predicadas de un siglo acá, que han sido tan liberales en blasfemias, escándalos, revoluciones, divorcios, suicidios, azotes destructores del orden social.[62]

Como es de suponer, este ataque al liberalismo estaba en absoluta concordancia con lo dictaminado por el Papado en Roma, que también perdía su influencia y prestigio en Europa. Una encíclica del Papa León XIII del año 1880 ilustra lo que señalamos. En ella se condenan las nefastas consecuencias de la Revolución Francesa sobre la Iglesia y la sagrada institución del matrimonio:

> ...a fines del último siglo, durante la revolución francesa, cuando la sociedad era profanada por su alejamiento de Dios, se decretó por válidas y firmes las separaciones habidas entre los cónyuges. Y eso mismo quisieran muchos en nuestro tiempo, por lo mismo que quieren quitar a Dios y a su Iglesia, separándolos de la unión conyugal, pensando neciamente que el remedio eficaz contra la corrupción ha de buscarse en las leyes humanas.[63]

La institución del matrimonio era la más vulnerable a los cambios socio-económicos[64] y estaba expuesta a las críticas y ataques del pensamiento liberal decimonónico. Para la Iglesia, perder su influencia en un asunto de tanta importancia significaba ceder su supremacía en la dirección moral de la sociedad y quedar relegada a un puesto de segundo orden.

Para recuperar el terreno perdido, la jerarquía eclesiástica flexibilizó las normas relativas al matrimonio. Pero no era suficiente. Era necesario fortalecer la imagen del matrimonio sacramental y destacar su importancia en la vida auténtica-

---

[62] *Boletín Eclesiástico de la Diócesis de Puerto Rico* (citado en adelante B.E.), Año VI, Núm. 13, p. 149.
[63] "Carta Encíclica de Nuestro Santísimo Padre León XIII...", *B.E.*, Año XXII, Núm. 7, p. 82.
[64] *Supra*, nota 57.

mente cristiana. Para alcanzar estos objetivos era indispensable revalorar el papel de la mujer en la sociedad y en la familia, lo que a su vez significaba transformar la visión que sobre ella se tenía. En estos dos aspectos el camino que tuvieron que recorrer los dirigentes espirituales de la Iglesia puertorriqueña fue largo y lo recorrieron con cautelosos y lentos pasos.

De la polilla a la virtud

La visión de la mujer que a mediados del siglo XIX tenía la alta jerarquía eclesiástica de Puerto Rico no se diferenciaba sustancialmente de la que había dominado la mentalidad dieciochesca. Así encontramos que en 1859 el Obispo Carrión recordaba, en una carta pastoral, el cuidado que debían tener los sacerdotes con las mujeres. Sus consejos y argumento recogen la política discriminatoria de la Iglesia hacia la mujer.

> ...Como la Iglesia ha creído siempre tan esencial e indispensable la más exacta pureza en sus ministros, ha prohibido en todo tiempo y del modo más expreso y terminante, la familiaridad y frecuente trato con las mujeres: precaución santa, cuidado importantísimo que se puede decir que nació con la misma Iglesia; pues no lo ignoráis que desde los primeros siglos se observó en los templos cristianos una entera separación entre los sacerdotes y el pueblo, y en éste, entre los hombres y las mujeres. La extrañeza y admiración de los apóstoles cuando vieron a su Divino Maestro hablar con la Samaritana, como refiere San Juan, nos demuestra que era cosa muy rara en el Señor, y nos enseña que, aún cuando el trato y conversación con las personas del otro sexo nos sea preciso por el bien espiritual, debemos proceder siempre con santa cautela, con sumo cuidado...[65]

[65] "Carta Pastoral que el Excmo. e Ilmo. señor don Fray Pablo Benigno Carrión de Málaga, Obispo de Puerto Rico dirige al clero de su Diócesis, 1859". Reproducida en Delfín Vecillas de las Heras, *Fray Pablo Benigno Carrión de Málaga, Obispo de Puerto Rico. (El Obispo Carrión, reformador del clero y del pueblo de Puerto Rico)*, Tomo II, Río Piedras, Editorial Plus Ultra, 1960, p. 41.

El obispo fundamenta sus consejos con la política que sobre el particular se estableció desde los primeros tiempos del cristianismo.

En 1864, el *Boletín Eclesiástico* publicó una "Disertación Canónico-Moral" de Fray José M. Hernández que enfatizaba el cuidado que debían tener los sacerdotes con las mujeres. Este ensayo es muy revelador de la visión que se tenía de la mujer:

> ...La polilla procede de los vestidos y de la mujer la iniquidad del hombre. La mujer es lazo de cazadores, su corazón la red, sus manos las prisiones. Aléjate de las viudas jóvenes, previene el Apóstol y también de las doncellas; de éstas debes guardarte por más santas que sean... Porque si tratas con ellas familiarmente sin necesidad, aun con el pretexto de devoción, te acontecerá que habiendo comenzado por el espíritu vienes al fin a terminar en la carne... Haz pacto con tus ojos no sólo de no mirar virgen alguna, como Job, sino ni aún de pensar en ella. La muerte entra por los ojos.[66]

Esta cita presenta a la mujer como la generadora de maldad y la perversidad. La mujer es un símbolo del mal, es el pecado y la perdición. Es el abismo de sensualidad que mancilla lo puro. Ante una visión tan mefistofélica, la empresa de fortalecer la institución del matrimonio sacramental debía iniciarse con la exaltación de las ideas morales de los deberes de la esposa y la madre.

---

[66] Fray José M. Fernández, "Disertación Canónico-Moral", *B.E.*, Año VI, Núm. 14, pp. 167-168. En el *Boletín* se especifica que dicho tratado contiene "...lo que ya está escrito muchas veces sobre esta materia, pero lo creemos útil porque reúne todo lo que hay disperso en los autores". Es importante hacer notar que las continuas referencias al comportamiento de los sacerdotes con las mujeres sugieren la existencia de un grave problema de relajamiento en el estilo de vida de los religiosos. El estado moral y espiritual del clero, principalmente criollo, debe ser tema de una futura investigación. Véase sobre este particular "La Primera Visita del Obispo Antolino a Arecibo, 1750", *Op. cit.*, "La Carta Pastoral que Fray Pablo Benigno Carrión dirige al clero de su Diócesis", *Op. cit.*, y expedientes de personas eclesiásticas de la isla de Puerto Rico, 1789-1833" en *C.I.H.*, Santo Domingo, Carr. 141, leg. 2525.

Una de las primeras acciones que el Obispo Carrión tomó fue iniciar, en 1861, retiros espirituales para las señoras de la capital. Vecillas de las Heras señala que estos retiros continuaron realizándose en años siguientes, al comienzo de la Cuaresma, cada vez con mayor asistencia. Sin embargo, de lo que Vecillas apunta deducimos que estos retiros se limitaron a las clases pudientes de la sociedad capitalina.[67]

En el *Boletín Eclesiástico* aparecieron ensayos y artículos que dignificaban la imagen de la mujer y su función como madre. Se tomó como modelo a la Madre de Cristo, la Virgen María. A partir de la década de 1860 se pone especial énfasis en el culto a la Virgen como madre e intercesora entre Dios y los hombres. El notable empeño que se observa en preservar y fomentar el culto mariano está estrechamente vinculado al interés de la jerarquía eclesiástica por dignificar a la mujer en su papel de esposa y madre.

En "Las flores de mayo", publicado en el *Boletín Eclesiástico* (1864) se establece una interesante comparación entre la función de la mujer en la familia y la función de la Virgen en la Iglesia:

> La Madre es la que despierta en el corazón del hijo el amor hacia el padre. La madre es la que en privado hace conocer al hijo las faltas cometidas contra su padre. La madre es la que intercede con el padre y de él obtiene misericordia, indulgencia y perdón hacia el hijo ingrato y rebelde. Aún hace más una madre. Ve a un hijo enfermo del cuerpo y le cobra más cariño que a los demás, llenos de salud y de vigor. Esta misma es la misión de María para con los hombres.[68]

También se patrocinará la fundación de asociaciones que rindan culto a la Virgen y lleven a los pobres y desvalidos su mensaje misericordioso y esperanzador. En enero de 1859 se estableció en la Isla la Primera Conferencia del Inmaculado

---

[67] Vecillas, *Op. cit.*, Tomo II, pp. 191-192.
[68] "Las flores de mayo", *B.E.*, Año VI, Núm. 11, p. 122.

Corazón de María, con la intención de que se propagara por todos los pueblos el espíritu de esta asociación.[69]

En la década de 1870 la Congregación de las Hijas de María desempeñó un papel protagónico en la tarea de dignificar el rol de la mujer en la sociedad y en el seno de la familia cristiana. Como futuras madres, son las llamadas a regenerar y enmendar los vicios de la sociedad moderna:

> El objeto de la Congregación de Hijas de María es fomentar y conservar en los pueblos y en todas sus esferas y condiciones, modelos de virtud y de piedad por medio de ejemplos vivos de las que, como jóvenes primero y como madres de familia después, están llamadas a regenerar y moralizar la sociedad moderna...[70]

El culto mariano desempeñó un papel decisivo en la transformación de la actitud de la Iglesia jerárquica con relación a la mujer. Una Carta Pastoral del Obispo Puig, en 1884, ilustra la importancia que tenía para la Iglesia el culto a la Virgen y la acción moralizadora de las Hijas de María:

> No nos detendremos en enumerar las otras congregaciones religiosas que bajo la protección de la Santísima Virgen María en sus diferentes advocaciones atraen sobre la Iglesia católica las bendiciones del cielo; pero no podemos pasar en silencio la importantísima institución de Hijas de María... cuya acción moralizadora se hace sentir ya en las costumbres de los pueblos.[71]

A partir de este momento la Iglesia jerárquica reafirma la misión de la mujer en la sociedad y en la familia. Cumplirá de ahora en adelante una misión regeneradora y salvadora:

> ...Porque, no lo dudéis, la mujer cristiana con su ardiente fe católica y sus virtuosos ejemplos es la lla-

---

[69] *B.E.*, Año i, Núm. 14, p. 166.
[70] "Reglamento de las Hijas de María de Puerto Rico", Art. 1. Hoja suelta en el *Archivo Histórico Arquidiocesano*, Arquidiócesis de San Juan.
[71] Juan Antonio Puig, "Carta Pastoral", *B.E.*, Año XXVI, Núm. 15, p. 179.

mada por un misterio de la Providencia a salvar la sociedad moderna, herida de muerte por la incredulidad y la corrupción, su inseparable compañera.⁷²

Dentro de esta visión la mujer tiene la responsabilidad de salvar la sociedad mediante la familia cristiana: "...las familias cristianas serán constantes semilleros de inmejorables ciudadanos: de las buenas hijas, en efecto, se pueden esperar fieles esposas, excelentes madres, maestras abnegadas, dóciles sirvientas, heroicas religiosas...".⁷³

En la década de 1890 la Iglesia reitera la función de la mujer como salvadora y propagadora de la religión:

> ...Comprendemos por lo tanto también bajo el nombre de catequista a la compañera del hombre; a la mujer piadosa, a la activa celadora que en las escuelas de niñas, en los talleres cristianos en que trabajan las jóvenes, en las casas de vecindad en donde hay tantos niños y tantos ignorantes, llevan a cabo la enseñanza del catecismo o de lo más necesario para salvarse, empleando tesoros de paciencia y de caridad.⁷⁴

Para la Iglesia, la mujer ahora desempeña un importante papel. Por su actitud frente al serio y nunca resuelto problema del amancebamiento será muy distinta a la del siglo XVIII. Si en la anterior centuria la alta jerarquía no paró de tronar contra las relaciones conyugales ilegítimas, ahora el estilo que se adopta es de protección y amparo a las débiles e indefensas mujeres que son objeto de viles tratos y abusos.

Un extracto de una Carta Pastoral del Obispo Fray Toribio Minguella ilustra esta nueva actitud:

> ...ni ha desaparecido por completo y en todas las esferas la esclavitud de la mujer; de la mujer que habiendo nacido para ser digna compañera del hombre, para desempeñar la augusta misión de madre no siempre

---

⁷² *Ibid.*, p. 180.
⁷³ "Las familias cristianas", *B.E.*, Año XXX, Núm. 12, pp. 139-140.
⁷⁴ "Los catequistas voluntarios", *B.E.*, Año XXXV, Núm. 19, p. 220.

logra ver realizados sus altos y morales destinos. Contra esa esclavitud está la familia con su carácter cristiano y social, la familia bendecida por Dios, amparada por la ley, respetada por todos. Tratándose de amparar a la mujer no hay código, no hay religión que presente los títulos que ofrece el evangelio y con el evangelio la Iglesia católica al proclamar la indisolubilidad del matrimonio...[75]

Maderas tratadas: la esposa y la madre virtuosa en una sociedad y en una Iglesia de hombres

Como hemos visto, en el transcurso del siglo XIX la visión que la Iglesia jerárquica tenía sobre la mujer se transforma; de la polilla a la virtud. En esta 'rehabilitación' de la mujer el culto mariano desempeñó un papel decisivo. Por eso mismo el modelo que se impuso no se apartó de los roles tradicionalmente asignados a la mujer: la esposa y la madre, que debía propagar el género humano y engendrar la prole de la Iglesia.[76]

La nueva actitud hacia la mujer no la emancipó del dominio masculino. El cambio de visión no la rescató del plano de inferioridad en que se encontraba respecto al hombre. Esto es lo que se desprende de una encíclica de León XIII (1880):

> El marido es el jefe de la familia y cabeza de la familia y cabeza de la mujer, la cual sin embargo por ser carne de la carne y hueso de los huesos de aquél, se sujete y obedezca al marido... Porque el marido es la cabeza de la mujer, como Cristo es la cabeza de la Iglesia... y así como la Iglesia está sometida a Cristo, así lo están las mujeres a sus maridos en todo.[77]

---

[75] "Carta Pastoral que con motivo de la Cuaresma dirige a sus diocesanos el Ilmo. Sr. don Fray Toribio de Minguella y Arnedo, Obispo de Puerto Rico, 1895", Puerto Rico, Imprenta del Boletín Mercantil, 1895. En el *Archivo Histórico Arquidiocesano*, Arquidiócesis de San Juan.
[76] "Carta Encíclica de León XIII...", *B.E.*, Año XXII, Núm. 6, p. 72.
[77] *Loc. cit.*

Para sustentar el dominio masculino en la familia se recurre a la figura de San José como modelo de padre y esposo:

> ...de tal suerte que de aquel hogar divino, que presidía San José era él mismo, el legítimo y natural guarda, tutor y defensor... En San José tienen los padres de familia el modelo más excelente de la vigilancia y providencia paternas; tienen los esposos el dechado perfecto de amor, condordia y fe conyugal; tienen las vírgenes el ejemplo y al mismo tiempo protector de la virginal integridad.[78]

Las directrices de la jerarquía eclesiástica, desde Roma, reafirmaban el dominio masculino en la familia y, como sabemos (aún hoy día), en la Iglesia. El empeño en perpetuar el dominio masculino exige muchas explicaciones. Hay que reconocer, sin embargo, que ya se ha iniciado el estudio de tan importante cuestión.[79] Limitémonos ahora al caso de Puerto Rico. Dos factores deben ser considerados. Primero, la jerarquía eclesiástica de Puerto Rico, como es lógico suponer, seguía las pautas dictadas en Roma. Desde esta perspectiva no le podemos exigir a los dirigentes espirituales de la Iglesia puertorriqueña que adoptaran unas posturas que en la Santa Sede ni siquiera se contemplaban. Segundo, la Iglesia podría estar recogiendo la inquietud de algunos sectores de la sociedad masculina ante los cambios y progresos de la condición femenina.[80] Este punto amerita una reflexión.

Las transformaciones económicas que experimenta Puerto Rico durante el siglo XIX implican, entre otras cosas, el deterioro de la calidad de vida de los trabajadores y el aumento en el costo de la vida. El nuevo orden económico exige la mano de obra femenina en el proceso productivo.

---

[78] "Carta Encíclica de León XIII, 1889 (Que por la dificultad de los tiempos se ha de implorar el patrocinio de San José, juntamente con el de la Virgen Madre de Dios)", *B.E.*, Año XXXI, Núm. 19, pp. 224-226.

[79] *Supra*, nota 6.

[80] Esto también puede aplicarse a la jerarquía romana.

Las siguientes estadísticas del pueblo de Isabela son muy reveladoras porque ilustran cómo la mujer abandona "el manejo y gobierno de su casa" e ingresa al mundo del trabajo.

Ocupación	1871	1875	1880
gobierno de sus casas	5,520	4,866	3,844
domésticas	65	451	150
peones	164	617	1,250
costureras	70	154	259
jornaleras	0	0	525

Fuente: María Barceló Miller, *Un capítulo de historia municipal: Isabela (1873-1886)*. Tesis de Maestría, Universidad de Puerto Rico, Escuela Graduada de Historia, 1979.

La progresiva incorporación de la mujer al régimen laboral la aleja del tradicional rol de esposa y madre. La mujer abandona las tareas domésticas y se une al ejército de trabajadores.

De otra parte, las ideas liberales influenciaron a muchas mujeres. Estas, principalmente las más pudientes, se organizaron para impulsar la instrucción de la mujer. La Asociación de Damas para la Instrucción de la Mujer es un buen ejemplo de su esfuerzo y empeño. Se señala, y es cierto, que muchos intelectuales y pensadores liberales apoyaron entusiastamente las demandas femeninas en pro de una mejor educación. Entre ellos se destacan Salvador Brau, Gabriel Ferrer Hernández, Alejandro Tapia y Eugenio María de Hostos.[81] Sin embargo, consideramos que este respaldo no iba dirigido a rescatarla de sus tradicionales roles de madre y esposa.

La azucarada defensa de la mujer que hace Gabriel Ferrer Hernández está plagada de contradicciones. Es cierto que

---

[81] Norma Valle Ferrer, "Primeros fermentos de la lucha femenina en Puerto Rico", *Revista del Instituto de Cultura Puertorriqueña*, Año XXII, Núm. 84, 1979, p. 18.

denuncia "...esa necesidad tan injustificada del matrimonio de la mujer..."[82] pero en su discurso siempre está presente la maternal imagen de la mujer: "...la mujer es más delicada, menos provocativa, más conciliadora ...es más sumisa, más ideal, más sensible ...rinde los corazones por virtud, inculca en sus hijos y hasta en su mismo esposo las máximas sagradas del honor y los deberes..."[83]

El respaldo que ofrecen algunos miembros de la sociedad masculina a la educación de la mujer está al servicio del mejor desempeño de su función de esposa y madre.[84] Esta actitud podría interpretarse como una reacción de defensa de los varones ante los cambios y el dinamismo que empieza a manifestar la mujer en una sociedad que hasta el momento había sido del dominio exclusivo de una élite masculina. (Excluimos a Hostos de esta reacción ya que es un caso aparte. Aunque sus argumentos en pro de la educación de la mujer están en función de la esposa y de la madre, su pensamiento se enmarca dentro de las corrientes positivistas y krausistas de la época. En él entrarían otra clase de consideraciones que ameritan un estudio independiente).

La Iglesia institucional recoge esta actitud. Los miembros del clero estimulan la educación de la mujer y colaboran en la fundación de las Juntas Locales de la Asociación de Damas para la Instrucción de la Mujer.[85] Sin embargo, los esfuerzos de la Iglesia van dirigidos a que la mujer cristiana pueda proporcionarle una mejor educación a sus hijos:

> ¡Ah! que si es grande y lamentable la anemia que abate los cuerpos... todavía es mayor y más lamentable la anemia intelectual... La educación es obra principal-

---

[82] Gabriel Ferrer Hernández, *La mujer en Puerto Rico. Sus necesidades presentes. Los medios más adecuados para mejorar su porvenir.* Puerto Rico, Imprenta de "El Agente", 1881, p. 17.
[83] *Ibid.*, p. 11.
[84] Véase la Introducción del libro *Las mujeres latinoamericanas. Perspectivas históricas.* Asunción Lavrin (compiladora). México, Fondo de Cultura Económica, 1985.
[85] Barceló, *Un capítulo de historia municipal...*, p. 210.

mente de la madre porque se dirige al corazón, y, qué podrá hacer una madre abandonada en brazos de la miseria.[86]

* * *

La Iglesia institucional y algunos miembros de la sociedad masculina perpetuaron el 'encajonamiento' de la mujer en su rol de esposa y madre. Sin embargo, los cambios socio-económicos tendían a integrarla al proceso productivo del país. El desfase entre la visión sobre la mujer y la realidad socio-económica es evidente. El modelo de la esposa y madre virtuosa, entregada al cuidado del hogar y a la crianza de los niños no se ajusta a la recolectora, jornalera, costurera, despalilladora..., a la mujer obrera que abandona las labores domésticas para ganar un jornal. Ni la Iglesia, dirigida por un Obispo extranjero que en sus cortas visitas pastorales apenas tenía el tiempo necesario para empaparse de las auténticas necesidades de su diócesis, ni la élite masculina muy vinculada a la clase propietaria del país, engranan con la problemática de la mujer trabajadora. Al contrario, se distancian de ella.

El impulso renovador e igualitario surgirá desde abajo, de la realidad del trabajo en el campo y en el taller. Por eso, no será la Iglesia ni la almidonada élite masculina los que lancen las consignas igualitarias. Corresponderá al liderato obrero, a los compañeros de trabajo, emprender la lucha y acoplar la visión sobre la mujer a la realidad que vivía:

> En nuestros actuales tiempos en que las mujeres han pasado de la categoría de ser consideradas sólo como maquinitas de reproducción humana, no es posible ignorarlas... La lucha por la existencia las ha empujado fuera del hogar y ha puesto sobre ellas los mismos deberes y responsabilidades que a los hombres...[87]

[86] "Carta Pastoral de Fray Toribio de Minguella... 1895", *Op. cit.*, pp. 10-11.

[87] Alfonso Torres, *Espíritu de clase*, San Juan, 1917, p. 43.

La estrecha óptica de la Iglesia para captar esta problemática es un buen punto de partida para calibrar el impacto de las prédicas anarquistas y anti-religiosas de las líderes del obrerismo femenino a comienzos de este siglo. Así podríamos iniciar el estudio de las relaciones Iglesia-mujer en el Puerto Rico del siglo XX.

La articulación del trabajo asalariado y no asalariado:
hacia una reevaluación de la contribución femenina a la sociedad puertorriqueña (el caso de la industria de la aguja)

María del C. Baerga

María del Carmen Baerga Santini es integrante del equipo de trabajo a cargo del diseño del Programa de Estudios de Género del Colegio Universitario de Cayey de la Universidad de Puerto Rico y profesora de la Universidad del Sagrado Corazón. Actualmente trabaja en su tesis doctoral que versa sobre la relación entre las responsabilidades domésticas de las mujeres y su participación en los movimientos sociales. Colaboró en el libro *Households and the World Economy* publicado por la editorial Sage en 1984.

Cuando pensamos en la recién constituida área de estudios de la mujer suponemos que es una disciplina que intenta simplemente estudiar a la mujer. Se piensa que los trabajos y escritos sobre la mujer constituyen una especie de apéndice o anejo a los estudios tradicionales; sencillamente la exploración de unos temas que hasta ese momento se habían mantenido en la oscuridad. Sin embargo, las metas de la disciplina de estudios de la mujer son mucho más ambiciosas. Lo que se pretende es examinar el mundo y los seres humanos que ahí habitan a través de preguntas, herramientas de análisis y teorías construidas directamente sobre las experiencias e intereses de las mujeres.[1]

Hasta hace poco tanto mujeres como hombres eran estudiados desde una perspectiva exclusivamente masculina. Todas las teorías acerca de los seres humanos, la naturaleza o el comportamiento social han sido formuladas por hombres con el propósito de entender un mundo dominado por hombres. Es importante señalar, sin embargo, que cuando nos referimos a "los hombres" no estamos hablando de todos los hombres, sino de aquellos que ocupan posiciones sociales privilegiadas; estos, por lo general, son blancos y provenientes de países avanzados o desarrollados. De suerte que gran parte de la producción intelectual histórica y sociológica rinde un cuadro muy particular de la realidad, que de ninguna manera puede, ni debe, generalizarse o adoptarse en el estudio de otros grupos sociales. ¿Por qué? Simplemente porque dichos modelos no responden ni a la realidad, ni a los intereses de los otros grupos sociales.[2] De hecho, se podría decir que, hasta el momento, el área de estudios que más se ha desarrollado dentro de la disciplina de las ciencias sociales es

---

[1] Hunter College Women's Collective, *Women's Realities* (New York: 1983), p. 3.

[2] En otras áreas académicas este punto ha sido reconocido y aceptado, por lo que se han desarrollado las teorías pertinentes. Ejemplos importantes son la Escuela de Estudios Campesinos (School of Peasant Studies) y la Escuela de Estudios del Desarrollo.

una que podríamos denominar Estudios del Hombre.³ Y repetimos, algunos hombres; próceres, políticos, líderes de instituciones sociales, y así por el estilo. Un buen ejemplo de esto lo tenemos en nuestros textos de historia.

La historiografía puertorriqueña tradicional examina y analiza la historia del país a través de las actividades y hazañas de hombres prominentes, así como del desarrollo y evolución de sus instrumentos de acción, como los partidos políticos y las asociaciones profesionales, por ejemplo. Dentro de este tipo de historia no se provee un espacio para evaluar las contribuciones de las masas populares —y por consiguiente de la mujer— a la sociedad. Simplemente no las encontramos, son invisibles.

En años recientes han surgido nuevas formas de acercarse al estudio de la sociedad. Se le ha dado un nuevo énfasis a la comprensión de la realidad puertorriqueña desde una perspectiva socio-cultural, lo que ha permitido tener una idea de cómo las transformaciones históricas que se han dado en el país han tocado las vidas de los puertorriqueños y cómo las acciones de esos seres "comunes y corrientes" han tenido a su vez un impacto en el resultado final de esos procesos sociales. Dentro de esta vertiente contamos con contribuciones valiosísimas que han arrojado luz sobre los procesos de formación y transformación de las clases sociales, la participación política de los diferentes grupos sociales, la entrada de la mujer a la fuerza de trabajo asalariado y temas similares, los cuales nos han revelado un cuadro más amplio de nuestro pasado.⁴ Sin embargo, dichos análisis toman en cuenta a las clases populares en tanto éstas se vinculan a ciertos procesos sociales específicos; a saber, la participación en el trabajo asalariado, la política partidista y las organizaciones sindicales. Demás está decir que históricamente los grupos que han figurado predominantemente en estas categorías han sido los

---

³ Spender, Dale, *Men's Studies Modified: The Impact of Feminism on Academic Disciplines* (New York: 1981).
⁴ En esta área se han distinguido particularmente las publicaciones del Centro de Estudios de la Realidad Puertorriqueña (**CEREP**).

hombres, y si uno examina estos procesos a nivel mundial, es obvio que los hombres blancos de países avanzados tienen el monopolio sobre la participación en estos procesos. De suerte que, una vez más, se imposibilita la evaluación de la aportación femenina a la sociedad.

Una de las contribuciones más cruciales de la llamada literatura feminista ha sido el cuestionar y denunciar la inhabilidad de las metodologías sociológicas e históricas para arrojar luz sobre los procesos sociales que ocurren fuera de lo que comúnmente se denomina como la esfera pública de relaciones económicas y políticas del mundo capitalista moderno. Históricamente la mujer ha estado vinculada primordialmente a tareas reproductivas. Estas no sólo conciben y dan a luz niños, sino que también los crían y además realizan una serie de actividades que garantizan la supervivencia diaria y generacional de los miembros de la unidad doméstica. Dichas actividades varían tanto histórica y culturalmente, que tienen que ser concebidas como procesos sociales dinámicos. Abarcan desde el trabajo doméstico como lavar, planchar, y cocinar, hasta atender huertos caseros y animales domésticos, recoger hierbas medicinales, cargar agua, recoger leña, etc. Por esta razón muchas mujeres se han visto imposibilitadas de participar en la fuerza de trabajo asalariado y aun en los casos en que se ha dado una participación, ésta ha sido claramente conformada y limitada por su rol primario en la esfera reproductiva.[5]

Una multiplicidad de escritos sobre la división del trabajo por género, así como acerca del trabajo doméstico, ha señalado los vínculos cruciales que existen entre las llamadas esferas "públicas" de relaciones políticas y económicas y los llamados sectores "tradicionales" y "privados" (como por ejemplo la familia, los sectores involucrados en la agricultura de subsistencia o en el chiripeo, etc.). Tal parece que este último sector existe ajeno e independiente de los sucesos

---

[5] Benería, Lourdes, "Reproduction, Production and the Sexual Division of Labor" en Joan Smith, Immanuel Wallerstein y Hans-Dieter Evers, Eds., *Households and the World Economy* (Beverly Hills: 1984).

"importantes" del mundo capitalista. Sin embargo no es así. Una de las formas en que se han vinculado estos dos mundos tan aparentemente disímiles y autónomos ha sido a través de lo que se conoce como trabajo "no asalariado".

El concepto de trabajo no asalariado se refiere a la variedad de tareas que realizan millones de mujeres, niños, niñas, campesinos y otros llamados marginados a través del mundo, dirigidas a llenar necesidades básicas de los seres humanos directa e indirectamente y por las cuales no se recibe un salario. Dicho concepto incluye toda una gama de actividades tales como las que producen bienes de uso (como las tareas de subsistencia), así como las que producen ingresos, ya sea en efectivo o en especie (como el chiripeo). Hoy día sabemos que los desempleados no están desocupados o "de vagos", sino que simplemente no están recibiendo un salario. Puesto de otra forma, el hecho de que una persona esté desempleado(a) no quiere decir que no esté realizando una serie de tareas que le aseguren su subsistencia y la de sus dependientes.

Se ha documentado en numerosas instancias que el trabajo no asalariado tiende a rebajar los costos de producción en el sector moderno capitalista, lo que redunda en un aumento de la tasa de ganancia. Por ejemplo, en el caso de las tareas de subsistencia, éstas tienden a rebajar los costos de reproducción de la fuerza de trabajo.[6] De manera que si un trabajador cuenta con una esposa que atiende un huerto casero y algunos animales domésticos, éste va a aceptar un salario más bajo que uno que tenga que comprar todos los productos y servicios de primera necesidad en el mercado. De esta forma, el sector capitalista se apropia de fuerza de trabajo abaratada.[7] El sector capitalista moderno también se apropia

---

[6] Chodorow, Nancy, "Mothering, Male Dominance and Capitalism" en Zillah Eisenstein, ed., *Capitalist Patriarchy and the Case for Socialist Feminism* (New York: 1979); Elson, Dianne y Ruth Pearson, "The Latest Phase of the Internationalisation of Capital", Discussion Paper no. 50, Institute of Development Studies, University of Sussex, 1980.

[7] Meillasoux, Claude, *Maidens, Meal and Money* (London: 1981).

de fuerza de trabajo abaratada comprando mercancías tales como materia prima y artículos de primera necesidad de los llamados sectores tradicionales. Muchas familias alrededor del mundo incorporan el trabajo no asalariado de los miembros de la unidad doméstica (esposas, hijos e hijas) en la siembra y cosecha de alimentos básicos o en la extracción y procesamiento de materia prima. Estas unidades producen bienes que son vendidos a bajo precio a los llamados sectores modernos e industriales, maximizando así las ganancias de estos últimos.[8]

Estos ejemplos muestran cómo algunas de las actividades que se realizan dentro de la familia y de otros sectores "privados" o "tradicionales" no sólo no existen independientemente del sector moderno, sino que son de vital importancia para éste. Por esa razón muchos de los trabajos de la literatura feminista se han concentrado en demostrar la importancia de los procesos reproductivos y en resaltar la participación crucial de las mujeres en éstos. Estos no sólo arrojan luz sobre la contribución femenina a la sociedad, sino que también proveen una mejor comprensión de su poder como grupo social, con miras a traducirlo en poder político.[9]

Más aún, una comprensión profunda de los procesos sociales que ocurren en la esfera pública exige necesariamente que se incorporen en el análisis las relaciones sociales que ocurren fuera de ésta. Por ejemplo, las actividades de subsistencia inciden sobre las condiciones de trabajo. Este es el caso del trabajo asalariado femenino, el cual ha estado determinado por el rol primario que la mujer ha encarnado dentro de los procesos reproductivos. Muchas mujeres ven su participación en la fuerza de trabajo como algo temporero, que no constituye su ocupación primordial. De ahí que en muchos casos acepten condiciones de trabajo precarias que, de entender que tienen que someterse a ese tipo de tareas

---

[8] Bennholdt-Thomsen, Veronka, "Towards a Theory of the Sexual Division of Labor" en Smith, Wallerstein y Evers, *op. cit.*,
[9] Dalla Costa, M.R. y S. James, *The Power of Women and the Subversion of the Community* (London: 1975).

permanentemente, no aceptarían. Cualquier intento de dilucidar la participación femenina en la esfera de trabajo asalariado tiene que tomar en cuenta los procesos sociales que ocurren dentro de la familia y de otras esferas reproductivas. Cualquier análisis profundo de la estructura de trabajo de una sociedad, así como de la formación y transformación de las clases trabajadoras, tiene que incorporar dichos procesos. Es imposible lograr una buena comprensión de qué es y cómo se constituye la clase trabajadora si sólo tomamos en cuenta los procesos que se dan en la esfera pública. Las condiciones del trabajo asalariado no se explican en el punto de producción exclusivamente. Las masas trabajadoras luchan por sus medios de vida en las comunidades y dentro de la unidad doméstica. En otras palabras, debemos reconceptualizar la naturaleza histórica del trabajo asalariado a la luz de articulación con el trabajo no asalariado.

La industria de la aguja, tal como se desarrolló en Puerto Rico en las primeras décadas del siglo XX, nos proporciona un ejemplo esclarecedor de este argumento. Cualquier análisis que intente profundizar en la importancia que ha tenido la industria en el desarrollo histórico del país tiene que estudiarla, necesariamente, a la luz de otros procesos sociales que estaban ocurriendo en otras esferas. De no ser así terminaríamos con un retrato distorsionado de la realidad.

La industria de la aguja en Puerto Rico

Si enfocamos en la industria exclusivamente, encontramos que la misma se estableció en Puerto Rico en la coyuntura de la Primera Guerra Mundial. Durante y después de la guerra se le hacía muy difícil a las tiendas por departamentos neoyorquinas y de otros lugares de la costa este conseguir un suministro estable y completo de productos bordados y calados de las fuentes tradicionales como Suiza, China, Islandia, Francia, las islas Madeira y las Filipinas.[10] Por esta razón los

---

[10] U.S. Department of Labor, "Report on Puerto Rico: The Needlework Industry" (Washington, D.C.: 1940), p. 6.

inversionistas norteamericanos se interesaron en las miles de mujeres puertorriqueñas para las cuales el arte de la aguja formaba parte de su educación tradicional.

Aunque los talleres de la aguja proliferaron rápidamente a través de toda la isla, la industria se distinguió por el uso generalizado de trabajadoras a domicilio.[11] Los talleres pequeños funcionaban en su mayoría como meros centros de distribución y recolección del trabajo, mientras que en los más grandes se realizaban ciertos tipos de trabajo. Tanto los materiales de trabajo como los salarios llegaban a las obreras a través de una complicada cadena de intermediarios (inversionistas extranjeros—contratista local—agente—subagente—trabajadora doméstica).[12] Los contratistas puertorriqueños, aunque dependían totalmente de los inversionistas norteamericanos tanto para la demanda como para el suministro de materiales y dinero en efectivo para cubrir los salarios, acostumbraban a declararse ante el gobierno como propietarios independientes. De suerte que las firmas norteamericanas llevaban a cabo todas sus transacciones a través de intermediarios, evitando así posibles enfrentamientos con las trabajadoras o con el gobierno.

La industria no contaba con convenio o ley alguna que estipulara de antemano la comisión que los diferentes intermediarios debían recibir. Las ganancias variaban de acuerdo con la política personal de cada intermediario y con el tipo de trabajo realizado. Los contratistas, agentes y sub-agentes no contaban con ninguna restricción para aumentar sus comisiones a expensas de los salarios de las obreras. Demás está decir que los salarios de la industria se encontraban entre los más bajos de la isla.[13]

Si nos concentramos en el estudio de la industria en sí, el cuadro que obtenemos presenta a un gran número de muje-

[11] *Ibid.*
[12] U.S. Children's Bureau, *Child Welfare in the Insular Possessions of the U.S.* Part I, pág. 24 (Washington: 1923).
[13] Manning, Caroline, *The Employment of Women in Puerto Rico* (Washington, D.C.: 1934).

res que se mataban trabajando para ganar unos centavos. Estas, por ser en su mayoría trabajadoras domésticas, se encontraban aisladas del resto de la clase trabajadora, lo que dificultaba cualquier intento de organización y concientización. Debido a la estructura tan particular de la industria no son muchos los datos que se obtienen a través de los métodos de investigación tradicionales. La mayoría de los registros los llevaban los propios intermediarios, por lo que hoy no los conservamos. Tan es así que muchos de nuestros libros de historia ni siquiera mencionan la industria de la aguja y, de mencionarla, sólo se indica que fue una fuente de trabajo asalariado para las mujeres puertorriqueñas.

Sin embargo, si incluimos en nuestro ámbito de análisis los procesos sociales que estaban ocurriendo en la unidad doméstica, podemos apreciar la industria bajo un prisma diferente. La industria de la aguja fue más que una fuente de trabajo remunerado para las mujeres puertorriqueñas. Durante la década de 1930 la industria de la aguja fue la segunda en importancia en la isla, alcanzando tasas de exportación sin precedentes (ver Tabla I). ¿Qué significado tuvo este hecho histórico en las vidas de las miles de mujeres que estuvieron relacionadas con la industria y para sus familias? ¿Cuál fue la magnitud de la aportación femenina a la sociedad?

Es importante señalar que la década de 1930 marcó una profunda crisis en la economía puertorriqueña. Tanto el tabaco como el azúcar, productos que en el pasado habían contribuido en más de un 50 por ciento al producto nacional bruto, se hallaban en franca decadencia.[14] Esta situación redundó en un aumento incontenible del desempleo. Para el 1929 el Departamento del Trabajo de los Estados Unidos informó que en Puerto Rico existían unas 170,519 personas desempleadas. Esta cifra no incluía a mujeres casadas que

---

[14] Quintero Rivera, Angel, "La base social de la transformación ideológica del Partido Popular en la década del '40" en Gerardo Navas, ed., *Cambio y desarrollo en Puerto Rico: la transformación ideológica del Partido Popular Democrático* (Río Piedras: 1980).

TABLA I

Importaciones de los Estados Unidos de productos
elaborados por la industria de la aguja puertorriqueña

Año	Cantidad expresada en millones
1920-21	2.3
1921-22	3.8
1922-23	6.3
1923-24	7.1
1924-25	5.7
1925-26	8.0
1926-27	9.0
1927-28	8.9
1928-29	15.0
1929-30	13.2
1930-31	14.0
1931-32	12.0
1932-33	12.0
1933-34	14.8
1934-35	14.4
1935-36	17.4
1936-37	20.8
1937-38	11.5
1938-39	14.6

Fuente: S. Zeluck; *The Effect of the Federal Minimum Wage Legislation upon the Puerto Rican Needlework Industry*. Doctoral Dissertation. Chicago, 1952.

hacían trabajo doméstico en sus hogares, niños menores de 18 años, ni personas incapacitadas[15] (ver Tabla II). Entre 1930 y 1940 la población de la isla se incrementó en un 25 por ciento mientras que los empleos disponibles aumentaron

TABLA II
Número de trabajadores por tipo de empleo
(Población capacitada para trabajar)

Población de trabajadores disponibles	Número
En la industria azucarera	75,000
En las indutrias de café, tabaco y frutas	51,421
Empleados permanentemente en otras industrias	55,000
Empleados en oficinas con salario fijo	10,000
Profesionales y sus empleados	8,000
En empresas de servicio público	6,000
En la industria mercantil	30,000
Choferes autorizados por el Departamento del Interior	15,000
En servicio doméstico en hogares privados, hoteles y restaurantes	40,000
Total	460,940
Empleados	290,421
Desempleados	170,519

Fuente: US Dept. of Labor; *Monthly Labor Review*, Vol. 31, Núm. 3 (Sept. 1930).

---

[15] U.S. Department of Labor, "Unemployment in Porto Rico" *Monthly Labor Review*, vol. xxi, no. 3, sept. 1930, p. 25.

sólo en un 1.7 por ciento.[16] La *Puerto Rico Reconstruction Administration* (PRRA) calculó que para 1938 existían en Puerto Rico 1,121,035 desempleados.[17] La tasa de participación masculina en la fuerza de trabajo muestra una disminución sistemática durante las primeras cinco décadas del presente siglo. Por el contrario, la tasa de participación femenina exhibe uno de los porcentajes más altos de todo el siglo XX precisamente durante la década de 1930.[18]

Estos datos sugieren, cuando menos, que los obreros agrícolas vivían en unidades domésticas, donde podían contar con el apoyo de otros trabajadores, en este caso esposas, hijos e hijas, durante períodos de desempleo y sub-empleo. La investigación antes citada de Caroline Manning sobre el empleo doméstico en la industria de la aguja apoya este argumento.[19]

Según Manning, 65 por ciento de las unidades domésticas visitadas contaban con una trabajadora de la aguja, mientras que el 35 por ciento restante contaba con 2 ó más. En la gran mayoría de estos hogares había otros trabajadores asalariados. Muchos de los hombres eran trabajadores agrícolas vinculados a las industrias del azúcar, café y tabaco.

> En la mayoría de las familias había otros asalariados. Muchos de los hombres eran trabajadores de la caña, del café y del tabaco. Pero el tiempo muerto los convertía en trabajadores ocasionales. Durante los meses de noviembre y diciembre, cuando se visitó a estas familias, muchos hombres estaban desocupados o trabaja-

---

[16] Rivera Hernández, Marcia, "The Development of Capitalism in Puerto Rico and the Incorporation of Women into the Labor Force" en Edna Acosta-Belén, ed., *The Puerto Rican Women* (New York: 1979), págs. 8-24. También en Acosta-Belén, ed., *La mujer en la sociedad puertorriqueña* (Río Piedras: 1980).

[17] Quintero Rivera, A., *op. cit.*, pág. 54.

[18] Baerga, María del Carmen, "Wages, Consumption and Survival: Working-Class Households in Puerto Rico in the 1930's" en Smith, Wallerstein y Evers, *op. cit.*

[19] El equipo de trabajo visitó 323 trabajadoras domésticas en 252 hogares durante el invierno de 1933-34.

ban tan poco y de forma tan irregular que su ingreso era prácticamente insignificante.[20]

De 112 familias que alegaron depender exclusivamente de ingresos por concepto de salarios para su subsistencia, el 58 por ciento informó como único ingreso el salario devengado de la aguja en el hogar durante la semana previa a la entrevista.

Este tipo de arreglo en el cual los miembros de la unidad doméstica combinaban o mancomunaban sus ingresos por concepto de salarios resultó ser de crucial importancia, no sólo para la supervivencia de las masas trabajadoras, sino para el funcionamiento de la economía colonial en general. Mientras que los hombres trabajaban fuera del hogar realizando tareas agrícolas, las mujeres estaban primordialmente a cargo de tareas reproductivas dentro del hogar. Estas veían su trabajo en la industria de la aguja como algo que podían complementar con sus tareas domésticas, cosa que se habría hecho imposible de haber tenido cualquier otro tipo de trabajo. De la misma forma, las trabajadoras a domicilio veían sus salarios como algo adicional en un período de severa crisis económica, como complemento al supuesto salario principal del jefe de la familia. Lo que no veían éstas era, en primer lugar, que sus destrezas como bordadoras y caladoras representaban una gran fuente de acumulación para las compañías norteamericanas, las cuales pagaban unos cuantos centavos por piezas que más tarde vendían como mercancías de lujo. En segundo lugar, no veían que estaban subsidiando al capital de dos maneras diferentes. Por un lado, al estar a cargo de tareas domésticas y de subsistencia dentro del hogar y la comunidad, realizaban una cantidad de trabajo por el cual no estaban recibiendo un salario, lo que permitía que los otros trabajadores miembros de la unidad doméstica se presentaran cada mañana listos para trabajar. Más aun, al contribuir con algún dinerito adicional, no sólo perpetua-

---

[20] Manning, Caroline, "The Employment of Woman in Puerto Rico" *Bulletin of Women's Bureau* #18 (Washington: 1934).

ban la existencia de salarios bajos en las otras industrias, sino que también asumían la responsabilidad por la reproducción de los trabajadores agrícolas durante períodos de desempleo y sub-empleo. De suerte que las amas de casa e hijas puertorriqueñas, aunque ausentes de la mayoría de los recuentos históricos de ese período, contribuyeron grandemente al funcionamiento del sistema.

Esta interpretación, que surge a la luz de la utilización de conceptos acuñados por la literatura feminista, plantea una serie de interrogantes que no sólo atañen a las mujeres, sino que son cruciales para entender procesos básicos y fundamentales dentro de la sociedad, como la formación y transformación de las clases trabajadoras, por ejemplo.

La gran mayoría de los estudios sobre la clase obrera puertorriqueña concentran su análisis en las relaciones sociales que ocurren en la esfera pública; relaciones de producción, agrupaciones sindicales, partidos políticos y otras instituciones políticas y sociales. Los pocos que abandonan el dominio público y se adentran en la comunidad o en la familia obrera, renuncian a cualquier tipo de análisis y se limitan a describir las condiciones que allí existen. Sin embargo, nuestro breve recuento de las relaciones de producción de la fuerza de trabajo en la década del 1930, dentro de las unidades domésticas de extracción obrera en Puerto Rico, sugiere una serie de interrogantes que nos obligan a reconsiderar las interpretaciones tradicionales de la clase obrera durante ese período.

Los estudiosos de la clase trabajadora y del movimiento obrero en Puerto Rico señalan la invasión norteamericana de 1898 como el incidente que precipitó el desarrollo acelerado del capitalismo en la isla.[21] Durante la mayor parte del siglo XIX, la unidad básica de producción fue la hacienda, donde los trabajadores recibían sus salarios en efectivo, aunque a menudo éstos eran suplementados o hasta sustituidos por

[21] García, Gervasio L. y A. Quintero Rivera, *Desafío y solidaridad: breve historia del movimiento obrero puertorriqueño* (Río Piedras: 1982), p. 65.

pagos en especie y arreglos de acceso a la tierra. La expansión que experimentó la economía de cultivo para la exportación a través del siglo XIX incrementó el valor de la tierra, por lo que muchos campesinos se vieron obligados a convertirse en "agregados" (trabajadores residentes en la hacienda). Estos recibían un pedazo de tierra, donde podían establecer su residencia y cultivar alimentos básicos dirigidos a satisfacer las necesidades de subsistencia de los miembros de la unidad doméstica.

Tras el desmantelamiento de la hacienda, miles de trabajadores perdieron el acceso a las parcelas que habían sido tan importantes en proveer los alimentos necesarios para la subsistencia de los miembros de la unidad doméstica. Cientos de familias fueron desplazadas, obligadas a emigrar hacia las costas y hacia los centros urbanos en busca de trabajo asalariado. Este proceso de súbita proletarización de las masas puertorriqueñas, así como el desarrollo de una "clara conciencia de clase", ha sido ampliamente documentado a través de la reconstrucción de una serie de relaciones sociales retomadas de la esfera pública.[22] El estudio profundo de las relaciones que ocurren en el punto de producción, los sindicatos y las asociaciones obreras, los partidos políticos y el gobierno, entre otros, ha sugerido una interpretación muy particular de cómo era el trabajador puertorriqueño y de cuáles eran sus luchas. El perfil que se obtiene es el de una persona que no tiene otra forma de sobrevivir que no sea a través de la alienación de su fuerza de trabajo y que, por consiguiente, lucha por sus condiciones de trabajo y de vida en general en el punto de producción. Esta visión no es otra que la conceptualización típica ideal de la forma que toma el trabajo en las sociedades capitalistas. Partiendo de esta interpretación, se considera que los procesos sociales que se dan en la esfera productiva son los que forman y transforman a la clase trabajadora, por lo que cualquier análisis que pretenda arrojar luz sobre el cambio social en nuestra sociedad a lo

---

[22] Quintero Rivera, A., *Conflictos de clase y política en Puerto Rico* (Río Piedras: 1976); y García y Quintero Rivera, *op. cit.*

largo del siglo XX, tiene que centrarse en su estudio. No es por pura coincidencia que el grueso de nuestra historia social, aún la feminista, se concentre en estos temas. No obstante, cuando movemos el foco de análisis de la esfera pública e incorporamos diversos procesos sociales que ocurren en otras esferas, como por ejemplo, en la unidad doméstica o en la comunidad, obtenemos un cuadro distinto de lo que eran las clases trabajadora de principios de siglo. Retomemos el ejemplo histórico que se trató anteriormente. Al investigar la unidad doméstica de extracción obrera durante la década de 1930 encontramos que una de las estrategias de supervivencia que practicaban sus miembros era la de mancomunar sus ingresos por concepto de salarios. Vimos que en muchas ocasiones el único salario que entraba a la unidad doméstica era el devengado por actividades asociadas a la industria de la aguja en el hogar. No obstante, los salarios femeninos en general eran más bajos que los masculinos, y en el caso de la industria de la aguja, estos eran más bajos aún. De manera que los miembros de la unidad doméstica se veían obligados a realizar una serie de tareas adicionales para poder sobrevivir. Una mirada rápida a las fuentes sobre el período muestra que hombres, mujeres y niños realizaban una serie de actividades de subsistencia, así como de las del tipo que producen ingreso (por ejemplo, chiripas), que suplementaban los bajos ingresos por concepto de salarios que la familia recibía. Por ejemplo, muchas familias criaban animales (gallinas, cabras, cerdos, etc.) y sembraban plátanos, gandules y tubérculos en sus bateyes. Hombres y niños pescaban cangrejos, cargaban arena de la playa para luego venderla o intercambiarla, hacían trabajo de carpintería y plomería, pescaban, reparaban redes de pesca, etc. Mujeres y niñas lavaban ropa ajena, recolectaban hierbas medicinales, vendían comestibles en las calles y cocinaban para huéspedes, entre otras tareas.[23]

[23] Mintz, S.W., *Worker in the Cane: A Puerto Rican Life History* (New Haven: 1960); Steward, Julian *et al.*, *The People of Puerto Rico* (Urbana: 1956).

TABLA III

Ingreso anual de familias trabajadoras por fuente de ingreso

Región	Núm. de familias	Miembros por familias	Total	Salarios Jefe de familia	Salarios Otros miembros	Productos vendidos o consumidos	Otros ingresos
Tabaco, café y frutas (1937)	5,743	34,265	100.0	51.7	18.2	19.7	10.4
-Tabaco	2,567	15,690	100.0	45.2	16.5	27.6	10.6
-Café	2,488	14,200	100.0	58.6	20.0	12.1	9.2
-Frutas	688	4,375	100.0	53.4	18.6	15.2	12.8
Citrosas	483	3,207	100.0	54.1	19.2	14.9	11.7
Cocos	205	1,168	100.0	51.6	17.1	15.9	15.3
Azúcar							
-1936	745	3,904	100.0	69.9	17.9	5.3	6.9
-1940	1,027	5,462	100.0	69.8	4.2	7.8	18.2

Fuentes: Morales Otero, Pablo y Manuel Pérez; "Health and Socio-Economic Conditions on a Sugar Cane Plantation". *The P.R. Journal of Public Health and Tropical Medicine*, Vol. XII, No. 4 (June 1937).

Morales Otero, Pablo, Manuel A. Pérez, et al.: *Estudios Sanitarios y Económico Sociales de P.R.* (Parte II) S.J. (Marzo 1939).

Morales Otero, Pablo y Manuel A. Pérez; "Second Survey of the Lafayette Area". *The P.R. Journal of Health and Tropical Medicine*, Vol. XV, No. 4 (June 1941).

La Tabla III nos muestra los ingresos anuales de las familias obreras por fuente de ingreso principal, en diversos años durante la década del 1930. En primer lugar vemos que la aportación del jefe de familia por concepto de salarios constituye un 45.2 por ciento del ingreso familiar en el caso de los trabajadores del tabaco, 58.6 por ciento en el caso de los trabajadores del café, 53 por ciento en el caso de los que trabajaban en el cultivo de frutas y 69.9 por ciento en el caso de los trabajadores del azúcar. De modo que la unidad doméstica de extracción obrera durante la década del 30 no dependía exclusivamente del salario del jefe de la familia para poder subsistir. Puesto de otra forma, el obrero puertorriqueño no sólo dependía de su trabajo asalariado para poder sobrevivir y de las estrategias de lucha desarrolladas en el punto de producción, sino que también dependía del trabajo que realizaban otros miembros de la unidad doméstica. Dichas relaciones de dependencia y ayuda mutua ocurrían en la esfera reproductiva. El análisis del desarrollo de una conciencia de clase no puede pasar por alto estas relaciones.

Resulta interesante señalar que la aportación de los otros miembros de la unidad doméstica durante 1936 y 1937 es relativamente alta, de un promedio de 18.2 por ciento. Fue precisamente durante estos años que la industria de la aguja alcanzó sus tasas más altas de exportación. Sin embargo, los salarios devengados por los otros miembros de la unidad doméstica no eran suficientes, por lo que tenían que realizar una serie de trabajos no asalariados para poder sobrevivir. Las tareas no asalariadas (productos consumidos o vendidos, asi como cualquier otra tarea que produjera ingresos aparte de los salarios) contribuyen en un promedio de 24.4 por ciento al ingreso total de la familia. Esto es sin contar el trabajo doméstico y otras tareas como el recogido de leña, agua, etc.

Es pertinente señalar que en 1940 la aportación por concepto de salarios de los otros miembros de la unidad doméstica se reduce a un 4.2 por ciento en el caso de las familias de los trabajadores del azúcar. Durante ese mismo año, la industria de la aguja entra en un período de franca decadencia, debido a la imposición del salario mínimo al trabajo doméstico.[24] Si observamos los ingresos por otros conceptos aparte de los salarios, vemos que estos aumentan en un 100 por ciento entre 1936 y 1940. Esto indica que las mujeres y niña(o)s que fueron desplazados de la industria de la aguja tuvieron que volcar todas sus energías en tareas no asalariadas de las del tipo que produce ingresos en efectivo.

La importancia de las actividades no asalariadas resulta más contundente al examinar los ingresos de las familias en el contexto urbano. Tradicionalmente el trabajador urbano se concibe como uno primordialmente asalariado. Un estudio de las familias en los arrabales de San Juan durante el año 1939[25] revela que la aportación por concepto de salarios al ingreso semanal de la unidad doméstica era de un promedio de 62.2 por ciento, mientras que los ingresos devengados de actividades no asalariadas constituían un 37.7 por ciento del ingreso total (ver Tabla IV). De las 8,127 unidades domésticas encuestadas 64.2 por ciento informaron tener al menos una persona con ocupación lucrativa, 20.4 por ciento informaron contar con 2 miembros con ocupaciones lucrativas y un 10 por ciento dijo contar con tres o más.[26] La proporción de personas con empleo lucrativo alcanzaba un 54.6 por ciento de la población de 16 años o más y un 31.2 por ciento de la población total en las barriadas encuestadas.[27] Las cifras para Puerto Rico eran de 52.4 por ciento de la población de 16

---

[24] Hernández Angueira, L., "Auge y decadencia de la industria de la aguja en Puerto Rico 1914-1940", disertación doctoral Universidad Autónoma de México, 1983, pág. 167.

[25] Pérez, Manuel A., "Estudio preliminar de las condiciones de vida en los arrabales de San Juan" (San Juan, PRRA, 1939).

[26] *Ibid.*, pág. 25. "Se consideran personas con empleo lucrativo a todos los hombres y mujeres de 16 años en adelante que tienen un oficio u ocupación por el cual reciben remuneración, aunque estuviesen temporalmente desempleados al tiempo de efectuarse la investigación" (*ibid.*, pág. 15).

[27] *Ibid.*, pág. 16.

TABLA IV

Ingreso semanal de familias en los arrabales de San Juan (1939)

Barriadas	Número de Familias*	Miembros por Familias	Ingreso Semanal (%)		
			Total	Salarios	Otros Ingresos
Total	8,127	36,458	100.0	62.2	37.7
La Perla	1,160	4,884	100.0	67.9	32.1
Miranda	1,334	5,592	100.0	70.8	29.9
Miraflores	150	750	100.0	62.3	37.7
Hoare	537	2,388	100.0	57.3	42.7
Tras Talleres	1,025	4,413	100.0	58.7	41.2
La Zona	773	3,752	100.0	64.0	35.5
Alto del Cabro	92	380	100.0	69.4	30.5
Roosevelt	352	1,617	100.0	46.4	53.5
Melilla	1,329	6,261	100.0	54.4	45.5
Marina	579	2,728	100.0	64.7	35.2
Bayola	56	199	100.0	59.6	40.3
Shanghai	505	2,515	100.0	57.1	42.8
San Ciprián	225	979	100.0	61.9	38.0

* En 32 casos no fue especificado el ingreso familiar.

Fuente: Pérez, Manuel A.; *Estudio preliminar de las condiciones de vida en los arrabales de San Juan* (San Juan: PRRA), 1939.

años o más y de 29.6 por ciento con relación a la población total en 1935.[28]

Este tipo de obrero asalariado, dependiente de jornales, ingresos y recursos de trabajo de los otros miembros de la unidad doméstica no es el producto exclusivo de la crisis de

[28] *Ibid.*, pág. 25

los años 30, aunque no hay duda de que la crisis empeoró su situación. Más bien es el producto del tipo de desarrollo capitalista que se dio en el país durante las primeras décadas del siglo XX, en el que proliferaron los salarios bajos, el empleo temporal y las condiciones de trabajo infrahumanas. La multiplicidad de "sub-empleados de los servicios, el mini comercio y el chiripeo (aquellos en empleos inestables y esporádicos), aquellos superexplotados de la aguja a domicilio y más aún los desempleados", que según Quintero "no participaban de las experiencias de donde había ido generando la clase obrera los elementos de cultura alternativa alrededor de la solidaridad combativa, fundamento del planteamiento socialista",[29] tienen que ser repensados. Estos no eran marginados, separados de la clase trabajadora, sino que ellos *eran* la clase trabajadora puertorriqueña. Eran las esposas, las hijas, los hijos de los obreros asalariados, y en numerosas ocasiones, hasta ellos mismos. Los trabajadores de la caña, del tabaco, del café, de la aguja, así como de las otras industrias de menos importancia tenían que "buscárselas", porque en ningún momento su salario cubrió sus necesidades o las de su familia. La "solidaridad combativa" no se daba sólo en el lugar de trabajo a través de huelgas y actividades similares. Se daba también en la comunidad obrera compartiendo lo que se tenía con el vecino.[30] Esta discusión exige una re-evaluación, no sólo de la contribución de la mujer a la sociedad, sino también de las luchas sociales y políticas que estaban ocurriendo durante el período. También plantea la necesidad de examinar críticamente categorías más recientes como por ejemplo los grupos marginales y el sector informal. La existencia de grupos sociales no vinculados directamente a los procesos de producción capitalista no debe entenderse ni como remanente de sistemas de producción pre-capitalistas ni como residuos del

[29] García y Quintero Rivera, *op. cit.*, pág. 97.
[30] Rogler, Charles C., *Comerío: A Study of a Puerto Rican Town* (Lawrence: 1940); U.S. Department of Labor, "Labor Conditions in Porto Rico", *Monthly Labor Review*, vol. XXI, no. 2, August 1930.

desarrollo capitalista tardío. Más bien deben ubicarse dentro del contexto de pobreza que ha caracterizado el desarrollo histórico de Puerto Rico.

Comentario final

A manera de conclusión podríamos decir que la meta de la disciplina de Estudios de la Mujer no es escribir la historia de las grandes mujeres como tradicionalmente se ha hecho con los grandes hombres. Tampoco se trata de descubrir el mundo femenino que existe como una realidad aparte del mundo masculino. Por el contrario, de lo que se trata es de conceptualizar la aportación femenina, lo que a su vez entraña una reconceptualización de la sociedad en su totalidad. Cuando seamos capaces de evaluar la aportación femenina en todas sus dimensiones, entonces estaremos lista(o)s para empezar a re-escribir la historia social. Ese es el reto que tenemos por delante.

El proceso educativo en Puerto Rico y la reproducción de la subordinación femenina

Marcia Rivera

Marcia Rivera es directora del Centro de Estudios de la Realidad Puertorriqueña (CEREP). Cursó estudios de maestría y doctorado en la Universidad de Londres. Ha publicado diversos artículos sobre el proceso electoral en Puerto Rico y sobre la situación de la mujer. Actualmente trabaja en un libro sobre la mujer y el trabajo. Es integrante del equipo Proyecto de Estudios de la Mujer de la Universidad de Puerto Rico, recinto de Cayey. Es co-autora con Kate Young de *Women and Social Production in the Caribbean* editado por CEREP e IDS en el 1982.

Acercarnos al estudio de la evolución del sistema educativo de Puerto Rico es abrir una enorme caja de Pandora. Son tantas las complejidades de las transformaciones que se han dado desde el siglo XIX en la educación, que meramente asomarnos a ellas para ver cuánto han contribuido a las dificultades que confrontamos hoy constituye un gran reto. Reto y a la vez tarea impostergable, dado el creciente deterioro del sistema educativo puertorriqueño, que algunos catalogan ya de crisis. En un momento en el cual públicamente se debate el tema de la Reforma Educativa y en que las autoridades conforman comisiones de estudio, contratan peritos y arman grandes actividades para diseñar un proyecto de reestructuración del sistema, el estudio de los procesos históricos se hace imprescindible. Hasta ahora, el grueso de las discusiones que se han desarrrollado en esos foros adolece de una grave a-historicidad y no ha abordado un problema que consideramos fundamental: la reproducción, a través del sistema, de la subordinación femenina.

La discusión pública de la Reforma Educativa generalmente ha enfocado los problemas actuales desde una óptica estática, sin referencias a la trayectoria e inter-relación de los procesos que condujeron a generar esas situaciones. Han prevalecido en la discusión enfoques que centran en la administración del sistema más que en el examen de sus contenidos. Se expresa preocupación por el grado de centralización del aparato educativo, por los esquemas de supervisión, por los problemas de autoridad, pero poco se analizan los contenidos curriculares, los métodos de enseñanza, las visiones ideológicas de los textos escolares, la preparación y condiciones de trabajo del magisterio, y otros asuntos tanto o más importantes que la administración del sistema. Por ello, reconstruir procesos históricos claves resulta de suma importancia para comprender la naturaleza y alcance de los problemas educativos que confrontamos hoy. En este artículo sólo aspiramos comenzar a juntar algunos elementos que nos parece que pueden ser útiles en ese análisis y a relacionar la reproducción de la subordinación femenina con procesos sociales más amplios, con la esperanza de que otros investigadores se interesen en continuar la labor.

El estudio de la historia del proceso educativo es uno al cual las nuevas corrientes de análisis social han dado relativamente poca importancia. Si bien es cierto que desde mediados de los años setenta en adelante la llamada "nueva historiografía" ha producido una gran cantidad de trabajos que nos ayudan a entender procesos claves tales como la constitución de un mercado de trabajo, los cambios en la organización de la producción y la economía, el surgimiento de la clase trabajadora, la geo-política de la invasión norteamericana, y otros aspectos del cambio de dominación, el montaje y evolución del aparato educativo ha sido un tema poco estudiado en forma sistemática y abarcadora por estas nuevas corrientes. Sin embargo, existe un importante caudal de materiales, tanto de estadísticas como escritos de educadores que estuvieron involucrados en la administración del sistema —como lo fueron Victor Clark, Juan José Osuna, Ismael Rodríguez Bou, y otros— aguardando nuevos análisis e interpretaciones. Abundan particularmente los informes y escritos sobre el sistema educativo en las primeras tres décadas de dominación norteamericanana. Estos materiales ofrecen un buen punto de partida para una reconstrucción crítica de los procesos educativos y para acercarnos al problema preciso que nos ocupa.

Es significativo que muchos de los autores que han estudiado la constitución de nuestro sistema educativo a partir de 1898 coinciden en señalar que éste fue concebido como el articulador del aparato ideológico del estado colonial norteamericano. Identifican varios elementos claves u objetivos fundamentales del estado norteamericano para con el sistema educativo de Puerto Rico, entre los cuales cabe señalar: la ideología de la americanización, la enseñanza generalizada del inglés y la extensión del sistema escolar a toda la población.[1] Se reitera también en la literatura las difíciles condi-

---

[1] Es interesante observar que muchos analistas —tanto críticos acérrimos del sistema colonial norteamericano como los propios gestores de la

ciones de trabajo en que se desenvuelven los maestros, la resistencia que desarrollan éstos a la política educativa colonial y la creciente centralización del sistema por parte del estado para lograr un control más efectivo. La percepción que derivamos de una lectura cuidadosa de estas fuentes es que la evolución del sistema educativo puertorriqueño, incluso antes de la Invasión norteamericana, ha sido muy conflictiva y contradictoria. Durante el siglo XIX los conflictos mayores giraban alrededor de dos asuntos principales: el carácter elitista de la educación y las sospechas políticas hacia el magisterio puertorriqueño. Tras el 98, los mayores conflictos giraron alrededor de la enseñanza del inglés y otros efectos de la superimposición de un aparato extraño a la cultura criolla.

En la revisión que hemos hecho de la literatura no hemos encontrado, sin embargo, ningún trabajo que examine la evolución de los contenidos de la educación en cuanto a relaciones de género se refiere, ni las implicaciones del proceso de feminización de la ocupación del magisterio. Sale a relucir en diversos recuentos el hecho de que desde temprano se constituyeron currículos diferenciados por sexo y se explican éstos, pero al parecer nadie cuestionó la situación, ni siquiera las propias maestras del sistema. Sí hay evidencia de fuertes reclamos de las mujeres, en momentos bastante generalizados en la sociedad, por lograr la extensión de la educación a las niñas y sacarla del ámbito rural. Tampoco se cuestiona en estos análisis el diferencial de salarios que gene-

---

política educativa bajo el Partido Popular— coinciden en destacar estos elementos. Véase Aida Negrón Montilla, *Proceso de Americanización y el Sistema de Instrucción Pública, 1900-1930;* Arturo Torrecilla, "De los intelectuales nómadas a los intelectuales de Estado: Los maestros y la forma-nación en Puerto Rico" en *Revista Hómines,* Vol. VII, Núm. 1 y 2, feb./dic. 1983; Ismael Rodríguez Bou, "Supuestos educativos de la transformación de Puerto Rico" en *Revista La Torres,* Vol. I, Núm. 1, 1953; Jaime Benítez, "La Universidad de Puerto Rico 1903-1953" en *Revista La Torre,* Vol. I, Núm. 1, 1953; Juan José Osuna, *A History of Education in Puerto Rico,* Ed. UPR, 1949; Ramón A. Cruz, "La política asimilista y la cultura de Puerto Rico" en *Revista Hómines,* Vol. 8, Núm. 1, enero-junio, 1984.

ralmente existió entre mujeres maestras y hombres, aunque se ofrecen datos que evidencian la existencia de éste.

El planteamiento de la inserción diferenciada de las mujeres en el sistema educativo, como problema que requiere estudio y acción transformadora, no vino hasta los años setenta. Para entonces, un grupo de feministas puertorriqueñas se dieron a la tarea de acercarse al sistema educativo para examinar los textos escolares entonces vigentes con el objetivo de detectar la forma en que se representaban los géneros y las relaciones entre éstos en los libros.[2] También se examinó, aunque someramente, la posición de las mujeres en la jerarquía educativa. En esos años los currículos estrictamente diferenciados ya no estaban vigentes (aunque todavía la enseñanza de economía doméstica y de artes industriales se dividía por sexos) y los diferenciales de salarios del magisterio de acuerdo a sexo habían sido prohibidos por la Constitución de Puerto Rico. Aun así, se observaba en esos trabajos, el sistema educativo estaba plagado de visiones ideológicas y de prácticas administrativas que implicaban la subordinación de la mujer.

Estos primeros análisis del contenido de los textos fueron sumamente sencillos: se trataba de una aproximación inicial desde una óptica crítica, agudizada por las vivencias del movimiento feminista, a los libros de texto que se utilizaban en el país. De primera instancia enfocamos y nos sacudió descubrir lo dramático del desbalance entre la representación de las mujeres y los hombres en los textos; las mujeres apenas aparecían en las láminas o en las narraciones de los libros de primaria. Se constató también que los varones aparecían desempeñando una mayor variedad y calidad de ocupaciones, que a las mujeres se les presentaba generalmente en roles

---

[2] Un conjunto de investigaciones sobre el tema de educación y sexismo fue inicialmente auspiciado por la Comisión para el Mejoramiento de los Derechos de la Mujer y luego por el Centro de Investigaciones Sociales de la Universidad de Puerto Rico. Estas fueron coordinadas por la Prof. Isabel Picó y entre otras personas trabajaron como investigadoras y redactoras Mariní Acín, Lydia Milagros González, Ana Irma Rivera Lassén, Eneida Molina, Magali García Ramis y la que suscribe.

pasivos y mayoritariamente como amas de casa, y que la adjetivación utilizada en la descripción de cada género era significativamente distinta. Las niñas aparecen como "dóciles, tiernas, religiosas, enfermizas, hacendosas, soñadoras, miedosas, humildes o sacrificadas", mientras que los varones son "inquietos, creativos, exploradores, líderes, valientes, desafiantes, perseverantes, y aventureros", según los textos. El mundo de los varones se retrataba como el de la acción y la energía, mientras que el de las niñas quedaba reducido al de la pasividad y la docilidad.

Tan importante como el análisis de esas representaciones diferenciadas fue el análisis de las omisiones del papel de las mujeres en muchos procesos sociales. Los textos de primaria perpetuaban una visión de la historia donde el motor de los cambios siempre resultaba ser un líder varón. La visión "proceratista" de la historia excluía por invisibles las aportaciones y la inserción de las mujeres en el quehacer social.

¿Podríamos identificarnos nosotras con esos libros? ¿Correspondían a la realidad que vivíamos? La contestación a éstas y otras preguntas era bastante clara: los libros de texto ni reflejaban nuestra propia experiencia de vida ni la de mujeres que no estaban en el movimiento feminista. Sin embargo, muchos de esos textos estaban escritos por mujeres. Nos preguntábamos entonces, ¿por qué se aceptaba y se reproducía la ideología de la subordinación femenina que tan claramente estaba presente en los libros? Y más apremiante aún, ¿qué podíamos hacer para comenzar a cambiar eso?

El compromiso con la acción feminista transformadora requirió concentrar energías en buscar maneras de detectar y erradicar los estereotipos sexistas que los maestros habían adquirido a lo largo de su carrera profesional. Para ello se prepararon módulos, pruebas y materiales alternativos de excelente calidad. Se logró adelantar mucho en la sensibilización general del magisterio a estos asuntos. Pero nos estrellamos intentando que el estado escuchara nuestros planteamientos y adoptara los nuevos materiales preparados. Y nos estrellamos, creo, porque no comprendíamos a fondo la evolución del sistema educativo puertorriqueño y las implicaciones del trabajo de revisión curricular que habíamos hecho. Estos trabajos no enfocaron la trayectoria histórica del sistema educativo, sino que eran estudios del sistema en un momento dado, un corte en el tiempo. Ponían de manifiesto una clara discriminación contra la mujer, pero no podíamos precisar cómo y desde cuándo se había instituido ésta.

Se precisa, entonces, emprender una nueva fase en esta investigación, que vaya más allá de los trabajos pioneros de los años setenta y ochenta. Partir de la sensibilidad que nos legó el ejercicio de detectar el discrimen para estudiar la evolución del sistema de educación, centrando en su elemento medular, el magisterio. Insistimos en que en este artículo apenas queremos identificar nuevos problemas para estudio y recoger de la literatura y los datos existentes aquellos más relevantes para impulsar una reflexión.

Las raíces de la subordinación

Los primeros esfuerzos para establecer instituciones educativas en Puerto Rico fueron realizados por la Iglesia Católica, cuyos integrantes eran parte central del proceso de colonización y conquista. Las crónicas señalan que desde 1503 hay indicaciones de órdenes a los efectos de que los niños varones de cada aldea se juntaran dos veces al día en una casa junto a la iglesia para recibir de monjes franciscanos las primeras instrucciones en lectura y escritura y aprender el catecismo y los rituales religiosos.[3]

En 1512 se comenzó la construcción de la catedral de San Juan, entre cuyas actividades estuvo pronto la enseñanza de la gramática. Eventualmente se fueron creando monasterios para el adiestramiento de sacerdotes y maestros que pudieran

---

[3] Coll y Toste, *Boletín Histórico de Puerto Rico*, año 1922, p. 96, según citado por Gerardo Sellés Solá en *Lecturas Históricas de la Educación en Puerto Rico*, UPR, 1943.

continuar y ampliar la labor educativa, que se mantenía como una exclusiva de los varones.

El acceso a la educación para las mujeres se inicia en España en 1783 con una orden de la Corona Española para crear 32 escuelas de niñas. Estas estarían atendidas por mujeres que debían aprobar exámenes en catecismo, destrezas de aguja y lectura. El currículo incluía además buenos modales, pero la lectura sólo se ofrecía a aquellas niñas que así lo solicitaran. Esta orden no se tradujo en cambios significativos para Puerto Rico sino hasta 1799 cuando se crearon cuatro escuelas para niñas en San Juan. En estas laboraba una maestra en cada una: Juana Antonia Aranjo, Josefa Echevarría y Juana Polanco. (Se desconoce la cuarta). Documentos de la época señalan que a pesar de haber sido contratadas para esta tarea con un salario preacordado de cincuenta pesos al año, salario inferior al que prevalecía para los maestros varones, todavía en marzo de 1804, cinco años más tarde, no habían recibido el sueldo convenido, a pesar de que habían iniciado reclamos a diversos niveles administrativos para cobrar los salarios adeudados.[4]

Desde muy temprano encontramos evidencia de reclamos para la apertura de escuelas para niñas, lo que hizo que éstas fueran estableciéndose paulatinamente a lo largo del siglo XIX. Para el 1860, según el Censo, el 40% de los planteles escolares públicos y el 36% de los privados ya eran para niñas. Y casi una tercera parte del total de la matrícula escolar estaba integrada por féminas. El Censo señala también que para entonces había 88 maestros varones y 54 mujeres, lo que equivale a un 39% de mujeres del total de personas que ejercía el magisterio. Sería importante comparar a fondo estos niveles con los de otros países latinoamericanos, y con los de España, pues de primera intención nos sugieren que los reclamos de educación para las mujeres tienen que haber sido vigorosos y constantes, ya que las tasas de participación son relativamente altas.

[4] Juan José Osuna, *A History of Education in Puerto Rico*, Ed. Universidad de Puerto Rico, Río Piedras, segunda edición, 1949, p. 19.

El grueso de las escuelas y del magisterio estaba ubicado en las zonas urbanas del país y servía casi exclusivamente a los sectores más acomodados de la sociedad. La educación tenía el propósito de refinar la clase hacendada y preparar a los administradores de la colonia española, pero poco tenía que ver con la vida de la mayor parte de las familias criollas, que trabajaban la tierra. El historiador Fernando Picó es sumamente crítico de esta situación y expresa que el sistema primario de instrucción pública "lejos de asegurar la nivelación de oportunidades abiertas a la comunidad, consagraba tajantes divisiones entre los que podían tener acceso a empleos en el comercio, la burocracia municipal, las imprentas, los oficios más diestros, las escribanías, y los que estaban condenados a halar pico y azada, doblar el lomo bajo el sol de los cañaverales, extinguir la condena de la vida en un cafetal húmedo. Dos educaciones, la escolarizante y la que la calle llamó la escuela de la vida; dos culturas, una cada vez más refinada y europeizante, otra cada vez más deshumanizada y fragmentante; dos sistemas de vivienda, dos experiencias de salud pública; dos clases de ciudadanos ante el sistema electoral, los terratenientes y los sin tierra, los que vivían para conocer sus nietos y los que morían dejando hijos para repartir entre compadres".[5] Dada esta situación no debe sorprender, entonces, la enorme aceptación que tuvieron las ideas de democratización y expansión de la educación que introdujeron los nortamericanos al llegar en 1898.

La literatura sobre el siglo XIX señala que el estado español fue tomando conciencia de la importancia de la educación como mecanismo de control político y fue quitando esta función a la Iglesia, que tradicionalmente la había desempeñado. Osuna, por ejemplo, dice que en "el período de 1865 a 1880 la educación comenzó a verse como función del estado y como la herramienta de éste para sus objetivos políticos".[6] Así, el reclutamiento de maestros y maestras

---

[5] Picó, Fernando, "Educación y Sociedad en el Puerto Rico del siglo 19", CEREP, *Cuadernos*, Núm. 2, 1982.
[6] Osuna, *op. cit.*, p. 73.

estaba sujeto a las lealtades de éstos a la Corona Española y de todos se sospechaba. En 1874, por ejemplo, el Gobernador Sanz despidió a todos los maestros puertorriqueños del sistema público porque pensaba que eran "separatistas y autonomistas" y se solicitaron maestros a España para evitar que en las escuelas se multiplicara el sentir independentista que rápidamente se propagaba en Puerto Rico. Muchas escuelas permanecieron cerradas ese año y en los subsiguientes mientras se conseguían los maestros necesarios. Los pocos puertorriqueños que lograron permanecer en el sistema educativo para evitar la crisis total eran sumamente conservadores y leales a la Corona. Debido al control político, el origen del magisterio puertorriqueño es sumamente conservador, lo que nos ayuda a entender por qué en el salón de clases se reproducían visiones tradicionales del mundo y de las relaciones entre los géneros.

Las condiciones de trabajo del magisterio puertorriqueño fueron poco usuales para lo que se acostumbraba en España. El grueso tenía nombramientos temporeros, a diferencia de España, donde el maestro era un funcionario del estado con carácter permanente. Muchas fricciones se generaron por estas razones entre los maestros peninsulares y los puertorriqueños. Además de obtener plazas permanentes, los primeros gozaban de mejores salarios y condiciones generales de trabajo.

Otra forma de ir convirtiendo el sistema educativo en un instrumento del estado fue ir creando una instancia central de adminstración del mismo. En 1880 España aprobó un decreto para Puerto Rico que dividió la escuela en elemental y secundaria y además centralizó el proceso educativo, dejando prácticamente sin funciones a las instancias municipales. El decreto fue rechazado y cuestionado fuertemente por los maestros puertorriqueños y los municipios, aunque sin éxito. Así comenzó un proceso de creciente centralización y burocratización que llega hasta nuestros días.

Un mayor control sobre el sistema educativo permitió al estado una ingerencia más directa sobre los currículos escolares. Los de las escuelas de varones se hicieron diferentes a los de las escuelas de hembras. A cada uno se les enseñaba materias "apropiadadas a su sexo", lo que quiso decir que a las niñas de nivel superior se les enseñaban materias tales como diseño, dibujo, aguja, higiene doméstica y se les eximía de estudiar geometría, agricultura, industria y comercio. El decreto también estableció la educación compulsoria, aunque ésta fue muy difícil de implantar. Los salarios que se determinaron en el decreto para el magisterio establecían un diferencial entre hombres y mujeres.

Salarios del magisterio en 1880

Escuela superior de varones	1,200 pesos al año	
Escuela superior de mujeres	800	=66% del de varones
Escuela elemental varones	720	
Escuela elemental mujeres	500	=69% del de varones

Este diferencial persistió hasta 1893 cuando por otro decreto oficial se equipararon los salarios de hombres y mujeres, como consecuencia de que las mujeres comenzaban a organizarse y ganar espacios. Ya en 1886 se había iniciado un influyente movimiento de mujeres para establecer una asociación que promoviera la educación de la mujer. Dudamos, sin embargo, que la disposición de igualar los salarios fuera respetada porque por muchos años los censos continúan reflejando un diferencial de salarios entre hombres y mujeres en el magisterio.

*Las contradicciones generadas
por la ocupación norteamericana*

La coyuntura del 98 coloca al magisterio puertorriqueño en una situación contradictoria. Por un lado, la evolución de la nación norteamericana parecía permitir una democratización del sistema educativo en Puerto Rico, llevando la educación a la ruralía y a los sectores menos privilegiados. Por otro, las propuestas de americanización y enseñanza en inglés que hicieron los artífices de la política educativa de la Invasión llenaban de dudas, y en momentos hasta hostilizaban, a los maestros puertorriqueños. Estados Unidos era concebido como sinónimo de modernidad y progreso; de ahí que el aprendizaje del inglés fuera provocador. Pero las tajantes directrices eran difíciles de aguantar y los conflictos se suscitaban por doquier.

Muchos informes y documentos fueron preparados tras la invasión para pasar balance de las condiciones imperantes en la nueva posesión isleña. En ellos se observa un gran desprecio hacia las instituciones y los métodos de enseñanza de Puerto Rico y España. Se critica el que no se usen textos, que no haya campanas ni timbres que indiquen que los períodos de clases han terminado, que no haya grados. Sobre estas críticas Osuna observa que las escuelas de Puerto Rico estaban al nivel de las de España, pero que su funcionamiento y estándares eran muy distintos a los norteamericanos.[7]

Es importante señalar que los maestros puertorriqueños aprovecharon la coyuntura del 98 para reclamar el derecho a una educación compulsoria, gratuita y universal. Apenas doce días después de haber sido izada la bandera norteamericana en La Fortaleza, un grupo de líderes puertorriqueños en el campo de la educación se reunieron en asamblea y adoptaron resoluciones para requerir del nuevo régimen que se establecieran escuelas normales para profesionalizar el magisterio, escuelas para adultos, una universidad, y que se establecieran niveles de enseñanza, todo ello en el marco de una democratización amplia del proceso educativo.

Queda por estudiarse a fondo en qué grado la ampliación del sistema educativo bajo los norteamericanos respondió a las presiones ejercidas por los puertorriqueños. Hasta ahora ha prevalecido una interpretación de este período en el que se destaca la aplastante fuerza del poder norteamericano para imponer un sistema educativo ajeno a nuestra realidad. No nos cabe duda de que la educación masiva y gratuita fue

[7] Osuna, *op. cit.*, p. 128.

central en la articulación de una economía capitalista dependiente en Puerto Rico. Se necesitaban grandes contingentes de personas que pudieran leer y escribir para entender los principios del modo de vida americano:

> ...la gran masa de los puertorriqueños es todavía pasiva y maleable... sus ideales están en nuestras manos para crearlos y moldearlos... si se americanizan las escuelas se inspiran los maestros y sus alumnos con el espíritu americano, la Isla se convertirá en sus simpatías, puntos de vista y actitudes hacia la vida y hacia el gobierno esencialmente Americano.[8]

Se necesitaban también técnicos y profesionales para atender las nuevas empresas que el capital norteameriano establecía, particularmente en la producción y elaboración del azúcar y el tabaco. Esto explica por qué la política económica de los primeros gobernadores apuntaba en dos direcciones: educación básica a las masas y entrenamiento de cuadros técnicos de nivel superior.[9]

Sin embargo, es sumamente sugestivo que en la primera Junta de Educación nombrada por el gobernador militar norteamericano en 1900 hubiera siete puertorriqueños de un total de nueve miembros,[10] y que muchos de los reclamos de éstos se convirtieran en piedras angulares de la transfor-

---

[8] Victor Clark, según citado por Aida Negrón Montilla, *Proceso de americanización y el Sistema de Instrucción Pública, 1900-1930*, Ed. UPR, p. 29.

[9] En otro ensayo abordo el análisis de los procesos económicos de las primeras décadas y su relación con la educación en forma más amplia. Ver "El desarrollo del capitalismo y la incorporación de mujeres al trabajo asalariado", en Edna Acosta, ed., *La mujer en la sociedad puertorriqueña*, Ediciones Huracán, 1980.

[10] Los puertorriqueños en la Junta eran: José A. Saldaña y R.H. Todd, por San Juan; Jorge Bird y Arias, por Fajardo; Enrique Huyke, por Arroyo; Rosendo Matienzo Cintrón, por Ponce; Bartolomé Esteva, por Mayagüez; y J. Ruiz de Sagredo, por Arecibo. Los dos norteamericanos que servían en la Junta representando a San Juan eran George B. Groff y Victor S. Clark, que la presidía. Esta Junta fue creada por virtud de una nueva Ley de Educación, compilada y propuesta por Victor S. Clark y aprobada en mayo 1 de 1899. (Osuna, p. 132.)

mación del sistema educativo. Parecería haber, entonces, una convergencia de intereses en un momento dado que permitió el desarrollo de tal política. En este contexto sería muy importante comenzar a estudiar la base clasista del magisterio puertorriqueño y de los líderes del proceso educativo para colocar sus reclamos y la dinámica de la relación con las autoridades nortamericanas en una justa perspectiva.

El objetivo de americanización y de enseñanza del inglés generó innumerables conflictos y controversias en el país. Ya para diciembre de 1898 el General Guy V. Henry había expresado la necesidad de buscar *mujeres* norteamericanas para que se trasladaran a Puerto Rico a enseñar inglés. Informes de la época señalan el énfasis especial a la enseñanza de niños y los niveles de salarios que ofrecían: $50.00 al mes.[11] En las escuelas lo más importante era la enseñanza del inglés y los ejercicios patrióticos, incluyendo el aprendizaje de canciones y el saludo a la bandera norteamericana:

> Se moldean las jóvenes mentes para que sigan el ejemplo de Washington... En 1900 el niño puertorriqueño promedio sabía más sobre Washington, Lincoln, Betsy Ross y la bandera americana que el niño promedio en los Estados Unidos.[12]

Centralización del sistema

Según hemos podido constatar en documentos de la época, el sistema educativo se fue centralizando cada vez más y el Comisionado de Educación fue adquiriendo nuevos poderes frente a las juntas locales. Debemos recordar que el Comisionado era norteamericano y el grueso de los miembros de las Juntas, puertorriqueños. También parece haberse creado una estructura de poder paralela constituida por supervisores norteamericanos inicialmente reclutados para

[11] Osuna, *op. cit.*, p. 129.
[12] Dr. M.G. Brumbaugh (Primer Comisionado de Educación) en *Report of the Commissioner of Education for Puerto Rico to the Secretary of the Interior*, USA, 1901, p. 72.

servir de maestros itinerantes de inglés (al parecer todos varones, a pesar de las muchas mujeres que habían sido reclutadas en Estados Unidos para enseñar inglés en Puerto Rico). Estos supervisores respondían directamente al nivel central y se encargaban de reunir a los maestros, instruirlos en inglés, pagarles, evaluar problemas de las escuelas o las comunidades, distribuir materiales e impartir exámenes a los aspirantes a maestros y estudiantes de secundaria. Posteriormente se les dio nombramiento de superintendentes. Las dificultades fueron inmediatas ya que los maestros puertorriqueños no podían comunicarse con éstos por razones de idioma y resentían la imposición de un "detective" extranjero. Este ángulo tampoco ha sido estudiado a profundidad y genera numerosos interrogantes: ¿Por qué no fueron nombradas las mujeres como supervisoras y superintendentes si el grueso de los que enseñaban inglés eran mujeres? ¿Cómo incidió esta estructura paralela para hacer que los líderes educativos puertorriqueños pasaran a un segundo plano? ¿Cuánto contribuyó esta estructura a la burocratización del sistema?

Además de la importación de maestros de Estados Unidos —preponderantemente de mujeres— la enseñanza del inglés requirió la adopción de una serie de medidas entre las que estuvieron el envío de maestros y maestras puertorriqueños y de jóvenes de secundaria a programas de estudio en los Estados Unidos para adiestrarse. Algunas veces hasta se utilizaban transportes militares para llevar al personal y se presionaba de diversas maneras para que se "mejoraran profesionalmente". Existen expresiones por parte de las maestras puertorriqueñas sobre las dificultades que estos viajes les ocasionaban al no contar con chaperonas, en el caso de las solteras, o tener que dejar a sus familias, en el caso de las casadas.[13] El establecimiento de la Escuela Normal en Río Piedras —base luego de la UPR— y la creación de programas de estudio normal en las Escuelas Superiores de Ponce,

---

[13] Aida Negrón Montilla, "La mujer y la educación", mimeo, p. 4.

Mayagüez y Aguadilla, fueron también parte de las medidas adoptadas por los norteamericanos para impulsar la enseñanza del inglés en Puerto Rico.

La insistencia en el inglés partía además de la premisa articulada claramente por Victor Clark en su informe sobre las leyes escolares de Puerto Rico. El español que se habla en el país, dice él ni siquiera constituye una lengua comprensible a otros pueblos hispanoparlantes:

> Su lenguaje es un patois casi ininteligible para los naturales de Barcelona o Madrid. No tiene literatura alguna en su haber, y posee poco valor como medio intelectual... [De manera que] sólo de la pequeñísima minoría intelectual en Puerto Rico, educada en Europa e imbuida de los ideales europeos de educación y gobierno, podemos anticipar resistencia activa alguna a la introducción del sistema escolar norteamericano y del idioma inglés.[14]

Las respuestas por parte de los puertorriqueños a estas medidas fueron diversas. Hubo sectores importantes que entendían que aprender inglés era la manera de acceder al poder, el progreso y la modernidad. Pero hubo fuertes resistencias, particularmente por parte de los maestros de la zonas rurales de Puerto Rico. En algunos casos, la oposición y la resistencia fue vehemente, negándose a enseñar en inglés las materias básicas, según se disponía. Una de las voces más elocuentes de esta oposición fue la de Ana Roqué de Duprey, destacada maestra graduada de la primera clase de la Universidad de Puerto Rico, quien se atrevió a expresar públicamente en boletines educativos su inconformidad con los planes del nuevo gobierno.

Las dificultades expresadas por la mayoría del magisterio puertorriqueño fueron recogidas en un informe realizado por el Teacher's College de la Universidad de Columbia en

---

[14] Clark, Victor, Presidente de la Junta Insular de Educación, *Report to the 56th Congress*, S.D. 363, p. 60, 1899.

1925. Este informe fue bastante crítico de la política norteamericana en Puerto Rico y el mismo señala:

> Pero el sistema [de educación] es un sistema norteamericano con una diferencia esencial. El pueblo de Puerto Rico no ha renunciado a su propio idioma y a su propia cultura... De modo que al peso ordinario que sobrellevan las escuelas se ha añadido una carga adicional, con la que los Estados Unidos continentales no ha tenido experiencia previa... Y el pueblo de Puerto Rico ha pagado el costo. La riqueza per cápita de la isla es sólo un sexto de la de los Estados Unidos continentales.[15]

Se afianzan los currículos segregados

Originalmente los norteamericanos eliminaron la enseñanza de labores del currículo escolar por considerarla inútil. Esta, junto con el catecismo, había sido el centro de las primeras escuelas bajo el régimen español y su enseñanza había prevalecido hasta 1898. Pero esta situación habría de cambiar pronto al constatarse la posibilidad de usar este adiestramiento como base de un desarrollo comercial. Ya en 1909 un distrito escolar planteó la posibilidad de volver a ofrecer los cursos con carácter opcional, lo que fue aprobado y luego extendido a otros distritos. Al desatarse la Primera Guerra Mundial se introdujo un curso regular de economía doméstica con énfasis en cocina y costura. La Guerra había estimulado el desarrollo de la industria de la aguja pues los mercados europeos quedaban cerrados para los norteamericanos.

Ya que en Puerto Rico existía una antigua tradición de labores manuales, en la que se destacaba la calidad de los tejidos y bordados, las autoridades educativas se dieron cuenta rápidamente de las posibilidades económicas de volver a enseñar estas materias. Como consecuencia de esto, muchas niñas abandonaron la escuela para dedicarse por completo al bordado y calado. Ya desde 1915 el Departa-

---

[15] Osuna, *op. cit.*, p. 598.

mento de Instrucción había comenzado a dar atención oficial y especial a esta industria naciente. En 1919 se designó a Miss Elsie Mae Willsey como supervisora especial de economía doméstica, quien diseñó un nuevo curso para el currículo elemental y superior. Se reclutaron 20 nuevas maestras de aguja para ser asignadas a los municipios donde mejores prospectos había para la industria. Además otros diez municipios tomaron iniciativas similares y para ese año un total de 34 centros de enseñanza de labores estaban funcionando, los cuales adiestraron a unas 2,325 estudiantes, de trece años o más.

La industria de la aguja llegó a ser la segunda en importancia en Puerto Rico, tanto en volumen de exportaciones como de empleo generado, hasta finales de la década del treinta. Sus dueños eran norteamericanos y funcionaba con un esquema sumamente jerarquizado que, dependiendo de las disposiciones legales respecto a salarios mínimos, funcionaba en talleres o a domicilio. Fue verdaderamente una industria de sobreexplotación del trabajo femenino en Puerto Rico y durante casi tres décadas la escuela sirvió para adiestrar el personal necesario para ella.[16]

Por otro lado, las guerras en que participó Puerto Rico en representación de Estados Unidos tuvieron un importante efecto sobre la educación vocacional para varones en la Isla, particularmente en los años cuarenta. A través de la legislación y las asignaciones presupuestarias del Vocational Training Program for War Production Workers, que comenzó en Puerto Rico en agosto de 1940, se ofrecieron adiestramientos para electricistas, ingenieros mecánicos, soldadores, mecáni-

---

[16] Es sumamente significativo que esta industria tan importante permanezca todavía "invisible" en nuestra historiografía. Sin embargo, desde principios de los años 80 se constituyó un pequeño grupo de investigación sobre la temática en el Centro de Estudios de la Realidad Puertorriqueña (CEREP) en el cual participan Lydia Milagros González, María del Carmen Baerga, Luisa Hernández y la que suscribe. Los próximos años deben ver el fruto de esos trabajos de reconstrucción de la historia de la industria de la aguja. Algunos avances han sido publicados en forma de artículos o ensayos por CEREP.

cos de aviación y refrigeración, operadores de radios, y otras técnicas necesarias para la construcción de campamentos y bases militares y navales. A esos fines se estableció una oficina central con personal administrativo de diversa índole y unos 165 maestros en estos oficios que dictaban cursos a través de todo el país. De esta manera se afianzaba aún más la división de los ofrecimientos curriculares a los dos géneros.

La feminización del magisterio puertorriqueño

Uno de los aspectos más interesantes del proceso educativo es el estudio histórico de las condiciones de trabajo del magisterio. Hoy nuestros maestros confrontan una grave realidad: la pauperización de su ocupación. Sugiero que un ángulo importante para entender esta situación tiene que ver con la feminización del magisterio, proceso que se agudiza a partir del 1898.

Los salarios de los maestros siempre fueron bajos, en comparación con otras ocupaciones de la sociedad, pero sospechamos que éstos permanecieron deprimidos en la medida en que más y más mujeres se incorporaban a la ocupación. Y las condiciones de empleo siempre han sido de gran inestabilidad o vulnerabilidad. En la década del cuarenta Osuna señala que uno de los mayores problemas que enfrenta el sistema educativo es el éxodo de maestros hacia otras profesiones donde prevalecen mejores condiciones de trabajo. Entre 1943 y 1944 unos 1,361 maestros abandonaron el sistema en favor de otras ocupaciones, con el resultado de que el Departamento de Educación tuvo que nombrar personal sin las cualificaciones necesarias. Se calcula que para 1947 una tercera parte de los 9,000 maestros del sistema tenían licencias provisionales y que 3,775 no tenían las cualificaciones requeridas por ley. Razones para el éxodo: mejores salarios y condiciones en otras industrias; la guerra, que reclutó muchos maestros (que luego pasaron a ocupaciones mejor remuneradas); las nuevas agencias federales que se crearon para administrar los programas de guerra, entre otras. Ante esta situación el magisterio fue quedando como una ocupación casi residual, compuesta fundamentalmente por mujeres, quienes tenían una menor movilidad social o laboral.

Ya para 1930, el 70% de los maestros del sistema público eran mujeres y en los primeros grados de primaria esta proporción llegaba al 90%. Paralelamente, el nivel de salarios fue reduciéndose con relación a otras ocupaciones.

Al día de hoy, de acuerdo con las escalas de sueldo vigentes en el Departamento de Instrucción Pública, el salario mensual promedio de los maestros asciende a $945, equivalentes a $11,340 anuales, incluido el aumento concedido para el año fiscal en curso por el Gobernador. (Datos calculados con estadísticas del Departamento de Instrucción Pública para 1986.) Pero si examinamos esos niveles de salario a la luz de los aumentos en el nivel de precios a través del tiempo, encontramos que el salario promedio real de los maestros se ha ido reduciendo y que en la actualidad, aún con el aumento concedido el año pasado, el mismo es hoy menor que en 1970: $4,502 anuales, tomando como base el año 1967. (Ver Cuadro I). Para garantizar ese mismo nivel de vida habría que aumentar el salario promedio de los maestros a $1,122 mensuales. Y esta situación persiste a pesar de que el grueso de los maestros tienen ahora Bachillerato (85.7%) y otro 6% tiene maestría o doctorado. (Cuadro II.) En la medida en que se reproducen esas pésimas condiciones de empleo se reproduce la subordinación de las mujeres en la sociedad.

Los objetivos de la Reforma Educativa de hoy: también queremos igualdad humana...

En los documentos que hemos examinado y en las entrevistas que se han hecho a diversos miembros de la Comisión de Reforma Educativa, se ha señalado que uno de los objetivos de la Reforma es lograr el desarrollo y fortalecimiento de los valores de dignidad humana y de solidaridad. Sin embargo, otro objetivo que debía ser central, la esencial igualdad humana, no ha aparecido en ninguna de las discusiones sobre la Reforma. Esta omisión responde, a nuestro

CUADRO I
Salario Nominal, Indice de Precios y Salario Real
Maestros del DIP

Año	Salario Promedio	Indice de Precios	Salario Real
1970	$4,920	109.7	$4,487
1971	$5,640	114.4	$4,930
1972	$6,300	117.9	$5,344
1973	$6,600	126.6	$5,213
1974	$7,800	151.1	$5,162
1975	$7,800	164.7	$4,736
1976	$7,800	168.0	$4,643
1977	$8,400	175.3	$4,792
1978	$8,820	183.9	$4,796
1979	$8,940	195.8	$4,566
1980	$9,240	216.2	$4,274
1981	$9,240	236.6	$3,905
1982	$9,240	244.3	$3,782
1983	$9,240	245.1	$3,770
1984	$10,440	249.8	$4,179
1985	$10,440	250.3	$4,171
1986	$10,440	251.9	$1,144
1987	$11,340	251.9	$4,502

CUADRO II
Distribución de Maestros por Preparación Académica
1985-86

	Cantidad	Por ciento
Menos de normal	825	2.5%
Normal	1,845	5.6%
Bachillerato	28,255	85.7%
Maestría	2,015	6.1%
Doctorado	20	0.1%
Total	32,960	100.0%

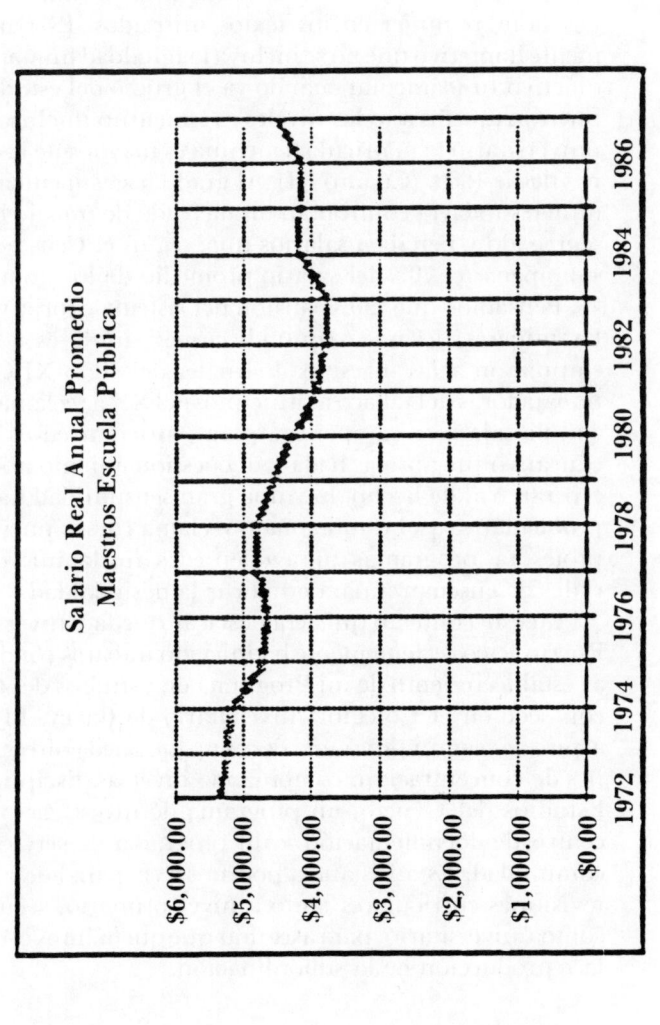

juicio, a la renuencia que todavía existe en el país a reconocer la existencia de clases sociales o de diferencias raciales en el currículo escolar, y la forma en que se presentan las relaciones hombre-mujer en los textos utilizados. Es particularmente llamativo que no se incluya la igualdad humana como objetivo fundamental cuando ya el grueso del estudiantado puertorriqueño a todos niveles es femenino. Incluso a nivel universitario la matrícula femenina es mayor que la de varones desde 1969. (Cuadro III). Al graduarse, sin embargo, las mujeres todavía confrontan un mercado de trabajo bastante segregado y perciben salarios que, según el Censo de 1980, son apenas el 70% del salario promedio de los hombres.

Pensamos que la expansión del sistema educativo hacia las mujeres llevará a contradicciones similares a las que empujaron a las maestras de finales del siglo XIX o a las trabajadoras del tabaco a principios del XX a reclamar igualdad de salarios. La apertura para participar en el proceso educativo fue aprovechada y el cuestionamiento no se hará esperar. Ya, de hecho, hay una gran sensibilidad hacia esta problemática y el estudiantado reclama cursos nuevos y las profesoras programas que ayuden a desarrollar nuevos materiales de enseñanza para erradicar la desigualdad.

En este contexto quisiera destacar que la Universidad de Puerto Rico recientemente ha iniciado trabajos conducentes al establecimiento de un Programa de Estudios del Género, con sede en el Colegio Universitario de Cayey. El mismo aspira a crear un programa docente que pueda ofrecer opciones de concentración, combinando diversas disciplinas con Estudios del Género, un programa de investigaciones, un centro de documentación y un programa de servicios a la comunidad. Esta instancia podría servir para adelantar las revisiones curriculares tanto a nivel primario, secundario, como universitario, para asegurar que quebramos el curso de la reproducción de la subordinación.

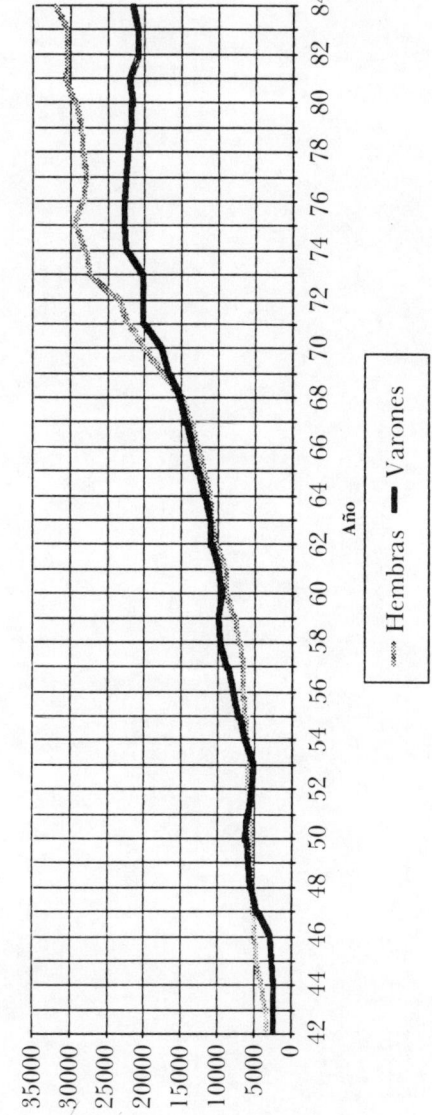

"Que nadie se entere":
La esposa maltratada en Puerto Rico

Doris Knudson

Doris Knudson es profesora de la Escuela Graduada de Trabajo Social de la Universidad de Puerto Rico. Obtuvo su grado doctoral en la Universidad del estado de Ohio. En la actualidad se desempeña como consultora del Centro de Ayuda a Víctimas de Violación. Próximamente el Centro de Investigaciones Sociales de la U.P.R. publicará un libro *Que nadie se entere: la esposa maltratada en Puerto Rico*, del que es co-autora con Yolanda Díaz.

Eloísa es una mujer de 25 años de edad, casada con Iván, de 28 años de edad, por espacio de nueve años. Han procreado cuatro hijos en el matrimonio. Ella ha sufrido maltrato físico y emocional de parte del esposo desde que eran novios. Eloísa llegó a la Casa Protegida Julia de Burgos con hematomas en el cuerpo y la cara producto de los golpes de un tubo que usó su esposo para agredirla. La policía intervino y llevó a Eloísa al hospital antes de acusar al esposo por agresión. En esa ocasión la agresión se produjo porque ella abandonó el hogar y se fue con familiares para evitar más abusos. El esposo fue a casa de los familiares y la trajo de nuevo al hogar, propinándole los golpes descritos. En el pasado Iván ha intentado ahorcarla, la ha amarrado y, luego de pegarle, la ha violado. Los niños también han sido maltratados por el padre y reciben servicios psicológicos para lidiar con el efecto del maltrato. Eloísa llegó al albergue con tendencias suicidas, señalando que en otras ocasiones había intentado quitarse la vida por lo que había sido referida a servicios de salud mental. Ella no contaba con apoyo de su familia, quienes no impedían el abuso que a veces se daba en presencia de ellos.

Eloísa recurre al Tribunal para gestionar el divorcio y reglamentar las visitas del padre a los niños. En uno de los pases con sus hijos el padre se niega a devolver a los niños y Eloísa va a quitárselos. Lo único que obtiene es mayor agresión del esposo. Esta vez, utilizando un cuchillo, Iván le desfigura la cara. Eloísa recurre al Tribunal para que él le devuelva a los niños y solicita una vivienda en otro pueblo de la Isla donde él no pueda encontrarla...

El maltrato a la esposa no es simplemente un problema entre cónyuges, sino que afecta adversamente a hijos, familiares y relacionados. Es un problema que afecta a las generaciones futuras, ya que en muchas familias el maltrato es un patrón de conducta transmitido de padres a hijos. El maltrato a la esposa está íntimamente ligado al maltrato y abuso de menores. El número de homicidios y suicidios resultado del maltrato a la esposa convierte a éste en un problema de tipo político, social y moral.

En Puerto Rico, según las estadísticas ofrecidas por la policía, mueren anualmente alrededor de 26 mujeres a manos de sus esposos. En el 1983 la Policía de Puerto Rico registró un total de 1,520 querellas de abuso y maltrato de mujeres, de los cuales 258 eran casos en que el agresor era el esposo de la víctima. En los casos restantes, la agresión contra la mujer había sido cometida por novios, padres, hijos o hijastros. Las estadísticas ofrecidas por la Policía reflejan que, por regla general, cuando son niños y mujeres las víctimas del crimen, los agresores son miembros de la familia de la víctima. Los incidentes de agresión contra la esposa usualmente no son eventos aislados. Los actos de violencia suelen ser parte de un proceso, y aumentan en grado e intensidad. De no ocurrir un desenlace fatal, requieren de la intervención de terceras personas para ponerle fin. Por lo regular, ni las agencias públicas ni vecinos ni familiares ven con buenos ojos el intervenir para proteger a la mujer víctima de la agresión del esposo. La actitud que impera en la sociedad es que el abuso a la esposa no es un problema legal ni social, sino un problema "entre marido y mujer". Otra actitud generalizada en la ciudadanía es pensar que si el marido le pegó, probablemente ella "se lo merecía". Esta actitud implica que la mujer es inferior y que el esposo, por ostentar una posición superior, tiene derecho a agredirla. La mujer, como no se percibe a sí misma con poder sobre el hombre, no responde con el nivel de agresión de que es capaz, por más negativas que sean sus circunstancias de vida. Por regla general, son las mujeres las que son maltratadas por los esposos.

A pesar de lo alarmante de esta situación, no existe en el Código Penal ningún delito tipificado maltrato de la esposa. Los esfuerzos de los grupos feministas por lograr legislación al respecto han sido infructuosos por haberse tropezado con la apatía generalizada de los políticos en el país.

La mujer maltratada por el esposo, quizás más que ninguna otra mujer, debe enfrentar los problemas que implica el tener que lidiar con un sistema legal que no la entiende ni la apoya, las serias limitaciones económicas, y con la definición social de lo que significa ser buena esposa. Es quizás esa definición social de lo que es adecuado para cada sexo lo que más limita a la mujer en su realización como ser humano en igualdad de derechos con el hombre. Los derechos y el poder sobre la mujer e hijos los tiene el esposo por el hecho de ser hombre. El nacer varón le da privilegios especiales y, si percibe que la mujer e hijos limitan o ponen en peligro el control total de la familia, llega al maltrato para hacer validar su poder. Por otro lado, se socializa a la mujer para que piense que el hombre manda y la mujer obedece, y que para lograr la obediencia total no hay límites a lo que el hombre pueda hacer con su mujer e hijos. Ante esta realidad social no es raro encontrar mujeres maltratadas que piensen que su marido las golpeaba porque en algún grado ellas se lo merecían.

Los datos que presentaré a continuación forman parte de los hallazgos obtenidos en un estudio que realizara conjuntamente con la Profesora Yolanda Díaz en la Casa Protegida Julia de Burgos para mujeres maltratadas. Esta casa es el único albergue que existe en Puerto Rico para socorrer a las víctimas del maltrato conyugal, es decir, la esposa y los hijos del agresor. En el hogar sólo se admiten como residentes a mujeres que hayan sufrido agresión física severa o que estén en riesgo de perder la vida a manos de sus esposos. Entre los servicios que ofrece la Casa Protegida está el de consejería externa para aquellas mujeres que, teniendo recursos personales o familiares, no tienen que residir allí. Al 31 de enero de 1984 se habían atendido 433 situaciones en la Casa Protegida. De ese grupo de mujeres que residieron en el hogar o que recibieron servicios de consejería se seleccionó la muestra del estudio. Este se llevó a cabo con el propósito de conocer los factores psicológicos, sociales y económicos del problema.

Se utilizó un diseño exploratorio-descriptivo, de una sola celda, en un solo tiempo. El estudio requirió un diseño exploratorio por ser la primera vez que se realiza un estudio de investigación sobre la esposa maltratada en Puerto Rico.

Por otro lado se combinó el diseño exploratorio con uno descriptivo a los fines de poder presentar descripciones de las variables relacionadas con el maltrato de las esposas en Puerto Rico.

El problema de maltrato a la esposa presenta unas particularidades que dificultan la identificación del total de mujeres afectadas. Algunas de dichas particularidades son la sanción cultural por el culto al machismo, el bajo número de denuncias por parte de miembros de la comunidad por temor a ser involucrados en el proceso de investigación y procesamiento del agresor, y la cantidad de mujeres que por una variedad de razones no se atreven a exponer su problema.

Inicialmente se pretendía realizar entrevistas personales a las víctimas haciendo uso de la planilla, pero al comenzar la etapa de recolección de datos las autoras encontraron que algunas mujeres informantes del estudio se habían ido a vivir al extranjero, de otras no se conocía su paradero, y otro grupo había regresado a vivir con el agresor. En lugar de llevar a cabo entrevistas personales con las víctimas, decidimos utilizar la información existente en los expedientes de éstas que habían sido archivados en la Casa Protegida Julia de Burgos.

De los 433 expedientes que existían al momento de realizar el estudio, se seleccionaron 62 (un 14 por ciento) que contenían la hoja de autorización para divulgar información. Se elaboró una guía de observación que constaba de tres partes: (1) datos de identificación, (2) definición del problema y (3) visión de la víctima sobre sí misma, sobre el maltrato y sobre los servicios recibidos. El instrumento se sometió a prueba con 5 mujeres que residían en el albergue cuando se realizó el estudio.

El estudio se vio afectado por los siguientes factores:

1. El tener que recurrir al expediente para recopilar la información, lo que limitó las posibilidades de auscultar a las mujeres maltratadas con respecto a sus visiones y reacciones adicionales.

2. El hecho de que la informante original fuera la víctima, lo que limitaba el poder conocer directamente al agresor.

3. El que las autoras compartan una visión feminista, lo que puede implicar mayor subjetividad hacia el problema planteado.

4. Que la muestra resulta limitada si se compara el por ciento de mujeres que solicita y recibe servicios en la Casa Protegida Julia de Burgos con la posible cantidad de mujeres maltratadas en la Isla.

5. El encontrarse con expedientes incompletos, lo que limitó las posibilidades de obtener respuestas a todas las preguntas del instrumento para todos los casos de la muestra.

A continuación se presentan los hallazgos más sobresalientes:

Los datos revelan que la mujer maltratada por el esposo es por regla general cinco años más joven que él. La mayoría en edad muchas veces tiende a asociarse con una mayor autoridad y posibilidad de dominio, lo que puede ser una variable que contribuya a la incidencia de maltrato a la esposa. En el análisis de los expedientes de las víctimas atendidas en el albergue se encontró que, en aquellos casos en que la mujer era considerablemente más joven que el hombre, el abuso se tornaba bastante violento.

Otro hallazgo que facilita el conocer a las personas afectadas por el problema es el grado de escolaridad alcanzado por los cónyuges. Los expedientes revelan que más del 75 por ciento había cursado por lo menos un décimo grado de escuela superior. Este hallazgo descarta la creencia generalizada de que el maltrato a la esposa ocurre entre parejas de baja escolaridad. El 16 por ciento de las víctimas había cursado estudios universitarios o estudios graduados, en comparación con cerca del 9 por ciento de los agresores en la misma categoría. Esto sugiere que se debe descartar la creencia de que son las mujeres de baja escolaridad las que más sufren maltrato, y reafirma el hecho de que el agresor, por el hecho de ser hombre y de mayor edad que la víctima, tiene poder y control sobre ella. Esto puede reflejar un patrón cultural y social del país en el cual la educación adquirida por la mujer tiene menos valor que la posición del hombre por el hecho de nacer varón.

Otro hallazgo que guarda relación con el nivel educativo alcanzado por los cónyuges es el ingreso anual de las familias donde se da el maltrato a las esposas. A pesar de que cerca de la mitad de las familias estudiadas poseían un ingreso anual de menos de $2,000 la otra mitad estaba distribuída en las restantes categorías de $2,000 hasta $25,000 ó más. Cerca de un 25 por ciento de las familias tenía ingresos anuales de $8,000 a $15,000 y cerca de 11 por ciento de las familias poseía ingresos anuales de $25,000 ó más. Por lo tanto, el 36 por ciento de estas familias pueden ser clasificadas en el nivel de clase media y media alta. Esto implica que el bajo ingreso de la familia no siempre está asociado con el maltrato a la esposa.

La ocupación de los cónyuges está directamente relacionada con el ingreso de la familia y en este aspecto el estudio reveló evidencias significativas. El hecho de que cerca de 75 por ciento de las víctimas no trabajara fuera del hogar plantea la dependencia económica de la víctima en el agresor, lo cual ha sido visto como uno de los factores que contribuye a que la situación del maltrato continúe. Por otro lado, al encontrarse esposos-agresores con ocupaciones tan diversas como las de obrero, empleado gubernamental, médico, y abogado, se plantea la necesidad de desvincular la ocurrencia de maltrato a la esposa con agresores de determinadas ocupaciones. En otras palabras, el maltrato a la esposa aparentemente trasciende la variable de ocupación del agresor, pero no así el grado de dependencia económica de la víctima, que parece estar vinculado a la duración del maltrato.

Los datos con relación a la zona de procedencia de las familias donde ocurre el maltrato plantean que cerca de un 75 por ciento de éstas residía en la zona urbana y que la mayoría procedía del norte de la Isla, en especial del área metropolitana. Estos datos pueden haberse visto afectados por el limitado conocimiento que se tiene del albergue y la necesidad que existe de de dar a conocer los servicios en lugares más distantes o aislados. Además, los limitados recursos económicos y sociales de las víctimas pudieron evitar que éstas viajaran al área metropolitana donde está ubicado el albergue. Por otro lado, la evidencia arrojada con relación al lugar de residencia señala que no parece haber relación entre esta variable y la ocurrencia de maltrato. Por ejemplo, el número de familias afectadas que vivía en urbanizaciones privadas no era considerablemente mayor ni menor que el de aquellas que vivían en residenciales públicos.

Lo que resulta significativo al examinar los datos con respecto a la utilización de servicios profesionales es que el número de agresores que se vio precisado a utilizar algún tipo de servicio profesional sobrepasó en más de 17 por ciento el de las víctimas. Si este hallazgo se examina con relación al tipo de servicio profesional utilizado, se encuentra que las víctimas tendieron a utilizar más los servicios de trabajo social mientras que los agresores tendieron a utilizar más los servicios psiquiátricos. La utilización del servicio puede estar asociado a diferencias en términos de condición o estado mental y a visión del problema. Por esto se entiende que el funcionamiento social del agresor era tan violento que requirió la intervención de los servicios de salud mental, en los que el agresor viene en contacto con el psiquiatra. Por otro lado, las víctimas del agresor, su esposa e hijos, recurrieron al Departamento de Servicios Sociales en busca de protección, pues ésta es la agencia responsable por la protección de la familia y es allí donde el trabajador social comúnmente se desempeña.

En estas familias caracterizadas por la violencia, los hijos también sufren como consecuencia del maltrato que reciben las madres. Es alarmante conocer que en 62 familias estudiadas se encontraron 178 niños que eran testigos o víctimas de diferentes tipos de abuso. En más de la mitad de las familias estudiadas los hijos contaban con menos de seis años de edad. La etapa de desarrollo en que se encuentran estos niños es significativa para la formación de la personalidad adulta. Sin lugar a dudas, las experiencias de violencia familiar vividas por estos niños tendrán repercusiones en su vida adulta. De un total de 57 expedientes que contenían información sobre el maltrato a los hijos, se encontró que en el 72 por ciento de las familias el padre también maltrataba a los hijos. Lo que varió fue el tipo de maltrato, ya que en un 30 por ciento de los expedientes se encontró maltrato de tipo físico y 4 por ciento maltrato de tipo sexual, mientras que los restantes definían el maltrato como uno de tipo emocional. Este último tipo de maltrato puede deberse a que los hijos presenciaban el abuso contra la madre y reaccionaban, en su mayoría, con llanto y temor ante el padre.

Las tres razones más comúnmente ofrecidas por las mujeres como motivo para ser maltratadas por el esposo fueron el alcohol, los celos infundados y el maltrato como una rutina aprendida en el hogar de procedencia del esposo, donde el padre de éste maltrataba a la madre.

A pesar de que las mujeres participantes procedían de diferentes clases sociales, habían alcanzado diferentes niveles educativos y poseían diferentes tipos de recursos familiares y sociales, se encontró que la gran mayoría definía su problema como uno de maltrato físico de parte del esposo. Es la agresión física y la amenaza de muerte que sufren estas mujeres el denominador común. La agresión física iba desde un puñetazo que causaba hematomas, hasta fracturas y quijadas dislocadas.

En el 40 por ciento de los 30 casos que incluían datos sobre la duración del maltrato las mujeres informaron que sufrieron el maltrato por espacio de 6 a 9 años. El cambio en personalidad y concepto de sí misma que puede sufrir una mujer que padece tantos años de maltratos es innegable; más alarmante aún es saber que, de las 27 mujeres que revelaron este tipo de información, el 60 por ciento comenzó a sufrir el maltrato en los primeros seis meses de matrimonio. Por regla general, la mujer puertorriqueña va al matrimonio esperando que dure toda la vida. El matrimonio es para ella una meta en la vida. Para mantener su matrimonio hará lo imposible y sufrirá maltrato si es necesario. Esto podría explicar en parte el por qué estas mujeres esperaron tantos años antes de decidirse a abandonar el hogar.

La mayoría de las mujeres señaló que el maltrato se daba por lo menos semanalmente; el 12 por ciento reveló que eran maltratadas diariamente por los esposos. Esto implica una falta de control extrema de parte del esposo unido a una definición bien pobre de su compañera. Implica, además, una falta de sensibilidad y conciencia. El maltrato ya se ha convertido en rutina, a juzgar por la frecuencia con que se lleva a cabo. El hecho de que alrededor del 52 por ciento de las mujeres informen que sus esposos las tenían amenazadas de muerte permite inferir que existe un alto nivel de disfunción en estos hombres.

Otro hallazgo que permite conocer la personalidad del agresor es que el 58 por ciento de las esposas maltratadas señaló haber sido sexualmente abusadas por sus esposos. La violación es el ultraje mayor que se le puede hacer a un ser humano y constituye la expresión máxima de poder que un hombre pueda ejercer sobre una mujer.

En el análisis de los datos obtenidos en el estudio se destaca el rol de la Casa Protegida Julia de Burgos en socorrer a mujeres que, después de haber sido maltratadas por años, llegaron allí sin recursos y con mucho temor a sus esposos. El miedo es el sentimiento predominante en la relación entre la víctima y el agresor (41 menciones de un total de 58). El haber soportado tanto castigo y humillación, por tanto tiempo, es quizás la razón por la cual 77 por ciento de las mujeres llegó al albergue con el interés de finalizar la relación con el esposo. Antes de llegar al albergue estas mujeres habían buscado ayuda en diferentes agencias gubernamentales, pero ni la Policía ni los tribunales probaron ser efectivos para detener la agresión de que eran objeto. Por el contrario, la inefectividad de las autoridades legales parece prolongar el abuso en muchas situaciones, pues la mujer piensa que si las autoridades legales no pudieron ayudarla, ya nadie puede. Es significativo notar que algunas de ellas después de divorciadas tuvieron que desaparecer dentro o fuera del país para escapar a la furia de su ex-esposo. El hombre no quiere perder el objeto de control y llega a maltratarla aun después de estar separados. Es probable que lo anterior contribuyera a que las mujeres señalaran que entre los servicios ofrecidos en el albergue los más efectivos fueron la orientación legal y la social, en este orden. Un logro significativo de la Casa Protegida Julia de Burgos en beneficio de las mujeres que acuden allí parece ser la buena integración de los servicios legales y sociales, lo que ha permitido que estas mujeres lleguen a conocer sus derechos y a exigirlos sin miedo.

A continuación se ofrece un perfil del sujeto típico de este estudio.

La mujer maltratada tenía 30 años de edad o menos mientras que su esposo tenía 35 ó menos. El grado de escolaridad modal para ambos cónyuges era de segundo a tercer año de escuela superior. (El grado mediano era de duodécimo a primer año de universidad). El ingreso promedio anual era $6,276.32. La familia se sostenía económicamente del ingreso del esposo o de asistencia pública. Tenía dos o tres hijos varones de seis años o menos. La residencia de la familia estaba localizada en la zona urbana del área metropolitana. La ocupación de la mujer era ama de casa y el esposo trabajaba fuera del hogar. La pareja había permanecido unida entre 6 y 10 años. Ambos cónyuges habían recibido servicios profesionales; el esposo, psiquiátricos y la esposa, de trabajo social.

El motivo por el cual la mujer solicitó los servicios de Casa Julia fue la agresión física y el maltrato emocional recibidos del esposo. Dicha situación se había estado dando desde hacía 6 años o más. El esposo comenzó a maltratarla a los seis meses de casados, dándole golpes con el puño y los pies. El maltrato ocurría semanalmente en casa de la pareja. El esposo amenazaba de muerte a la esposa y se informó que la había violado. Los niños estaban siendo maltratados física y emocionalmente. La esposa había recibido tratamiento médico como consecuencia del abuso y había acudido a buscar ayuda de la Policía Estatal, el Departamento de Servicios Sociales y algún hospital —en ese orden de prioridad— antes de llegar al albergue. La víctima había sabido del albergue a través del Departamento de Servicios Sociales en la mayoría de los casos. Solicitó ayuda porque interesaba separarse por completo del marido. Sus familiares y amigos reaccionaron brindándole apoyo. Al momento del estudio la mujer se sentía atemorizada por el esposo. Este la maltrataba por celos. Las decisiones de la familia las tomaba él. La mujer describía la relación que sostenía con su esposo como una de miedo. Continuaba experimentando sentimientos de miedo hacia el esposo al llegar al albergue. Los hijos presenciaban el maltrato y algunos reaccionaban llorando, escondiéndose o defendiendo a la madre.

La mujer maltratada define su problema como uno de maltrato físico, por lo cual aspira a terminar su relación con el esposo agresor. Posee una pobre imagen de sí misma y cree que es dependiente, débil, nerviosa, ansiosa y que siente mucho temor del esposo. Define su relación con los hijos a veces como positiva y otras como negativa. Sus sentimientos hacia el albergue en general eran positivos. Logró su objetivo de desvincularse del agresor y formó un hogar propio junto a sus hijos.

Recomendaciones

Fundamentándonos en los hallazgos de este estudio se hace evidente que el maltrato a la esposa es un problema grave para el pueblo puertorriqueño. El análisis de las variables que ayudan a describir el problema sugiere soluciones políticas, económicas y sociales.

A nivel político se hace necesario que el gobierno proteja la vida y seguridad de esposa e hijos a través de legislación que penalice el maltrato a la esposa.

Es necesario que el gobierno establezca una gama de servicios profesionales para matrimonios en conflicto, pues el bienestar de la familia depende en gran medida de la estabilidad que tenga el matrimonio.

Es imprescindible que el gobierno genere los medios para combatir la alta tasa de desempleo. La sociedad puertorriqueña da un gran valor al rol de proveedor que debe asumir el hombre, pero no genera los medios para asumir ese rol adecuadamente, llenando de tensión, frustración y marginación a muchos hogares.

La educación pública tiene la responsabilidad de eliminar los estereotipos sexuales que han dado paso a que exista un nivel de funcionamiento aceptable para el hombre, distinto al de la mujer.

Resulta necesario evaluar y regular los medios de comunicación, que estimulan la violencia como alternativa a muchos problemas humanos. Es indispensable substituir los mensajes de violencia por mensajes que propicien el respeto a la dignidad humana, la tolerancia de las ideas y la adquisición de patrones de conducta no-violenta para resolver los conflictos.

Existe la necesidad de capacitar a todos aquellos profesionales de ayuda que vienen en contacto con la familia donde se da el maltrato a la esposa, tales como médicos, jueces, policías, psiquiatras, trabajadores sociales y psicólogos. El desconocimiento general que existe sobre el problema, sumado a ideas prejuiciadas sobre la mujer entre los profesionales de ayuda, ha llevado a muchas mujeres a sufrir maltrato por años, e incluso a morir.

La iglesia debe influir más en la comunidad y ayudar a fomentar relaciones intra-familiares basadas en la aceptación y el respeto mutuo. Debe pronunciarse en contra de la violencia a nivel macroestructural, institucional e individual. Esto es ahora más necesario que nunca, ya que el modelo de conducta que prevalece entre los líderes del país no propicia la sana convivencia social.

Es tiempo ya de que la familia puertorriqueña trasmita a sus miembros que los seres humanos, sean estos hombres o mujeres, tienen los mismos derechos y responsabilidades. No es de mujer servir y de hombre mandar, pues todos, mujeres y hombres por igual, en algún momento tienen las mismas necesidades.

Los padres deben asumir patrones de crianza desprovistos de violencia. Deben actuar como modelos positivos estimulando la libre comunicación, evitando así la imposición de ideas, que genera tanta agresividad entre los miembros de la familia.

Ha llegado el momento de que se amplíe la definición social de la familia. La estructura social, económica y política de este pueblo ha tomado como base un modelo de vida familiar difícil de imitar y que, si existe, es más la excepción que la regla. El sentido de frustración que esto genera posiblemente sea uno de los factores que ha dado paso al abuso y maltrato de la esposa.

La experiencia del divorcio desde la perspectiva de un grupo de mujeres puertorriqueñas

Marya Muñoz Vázquez

Marya Muñoz Vázquez es Catedrática Asociada de Psicología en la Universidad de Puerto Rico. Recibió su doctorado de la Universidad de Missouri. Es co-autora junto a Edwin Fernández Bauzó del libro *Divorcio, persona y sociedad* publicado por el Centro de Investigaciones Sociales, que próximamente será reeditado por la Editorial de la U.P.R. En la actualidad forma parte de una red de investigadores internacionales que estudian el impacto que ha tenido la crisis económica en la calidad de vida de las mujeres en América.

En este artículo se presenta una síntesis de una investigación más amplia sobre el divorcio en Puerto Rico.[1] Los propósitos de dicha investigación fueron los siguientes:
(1) desarrollar un marco teórico para entender el divorcio y las dificultades de la relación hombre-mujer, desde una perspectiva social e histórica;
(2) desde este marco explicar la percepción subjetiva del impacto del divorcio y cómo el género[2] y la división de clase social establece diferencias en sus experiencias de divorcio, y
(3) que personas divorciadas sostuvieran discusiones grupales con el propósito primordial de que los/las participantes tomaran conciencia de lo común de sus experiencias.

De esta forma, ampliaríamos las miras: partiríamos del sentido de culpabilidad que fomenta la sociedad para romper con el matrimonio, analizando el significado social e histórico del divorcio, para luego plantearnos alternativas.

La psicología en general ha pretendido explicar el divorcio como un fenómeno individual escindido de sus raíces sociales. Muchas veces se culpa a los cónyuges ya que la sociedad en general ve el divorcio como un fracaso personal. La limitación más grande de los estudios sobre el tema ha sido el no ubicar el análisis del divorcio dentro de una perspectiva de la familia como organización social dentro de una formación histórica específica. El estudio del divorcio arroja luz sobre el significado del matrimonio en la sociedad actual, el cual comenzamos a entender al descubrir que las dificultades que enfrentan los hombres y las mujeres en sus relaciones de pareja, en la generalidad de los casos, son similares.[3]

---

[1] Publicado en el libro *Divorcio, persona y sociedad* por la autora y el Dr. E. Fernández Bauzó, Centro de Investigaciones Sociales, Universidad de Puerto Rico, 1986.

[2] En este artículo se describe y destaca primordialmente la experiencia de las mujeres frente a la de los hombres.

[3] Ver Bernard, J., *The Future of Marriage* (New York: 1972); Rubin, L., *Worlds of Pain: Life in the Working Class Family* (New York: 1976); Muñoz Vázquez, M., *The Effect of Role Expectation on the Marital Status of Urban*

La alta tasa de divorcio en Puerto Rico (proporción que ha ido aumentando sistemáticamente en este siglo) es un reflejo de la condición socio-económica y de las relaciones hombre-mujer que se dan dentro de ésta en Puerto Rico.[4] Las estadísticas indican que para 1982 la proporción de divorcios por matrimonio contraído en Puerto Rico fue cerca de un 50%: 30,385 matrimonios, 14,084 divorcios.[5] Morales del Valle, Carnavali y Vázquez proponen que al estimar tasas refinadas, Puerto Rico ocupa el primer lugar del mundo en cuanto al divorcio, con una tasa de 25.6 mujeres divorciadas por cada 1,000 mujeres legalmente casadas, mientras que Estados Unidos con 22.8 en 1979 ocupaba el segundo lugar.[6]

Las dificultades conyugales y el divorcio son el producto de una situación social compleja. Tienen su base material en la intersección entre la forma específica de organización familiar que enmarca las relaciones y las condiciones socio-económicas que enfrentan los cónyuges y que son el resultado del modo prevaleciente de producción.

Las relaciones hombre-mujer al presente están enmarcadas por la opresión y el control del trabajo doméstico de la mujer, además del control de la sexualidad. El marco o forma de organización social es el patriarcado. Este establece que las relaciones hombre-mujer se rigen por los siguientes parámetros: (a) la división del trabajo, (b) la subordinación de la mujer a la autoridad del hombre y (c) el sentido de propiedad del hombre sobre la mujer. Debido a estas condiciones opresivas es muy difícil lograr una relación de amor, afecto y comunicación íntima entre la pareja.

Puerto Rican Women. A Study of Changing Roles in a Transitional Society. Tesis doctoral inédita, University of Missouri, Columbia; Silva de Bonilla, R., *Amas de casa en la fuerza de trabajo asalariado en Puerto Rico: Un estudio del lenguaje como mediación ideológica en la reificación de la conciencia femenina.* Tesis doctoral inédita, The Union for Experimenting Colleges and Universities. Mid West Division.

[4] Aunque no el único como ya ha sido mencionado. Otro indicador es la alta tasa de violencia conyugal.

[5] Departamento de Salud, *Estadísticas vitales* (Puerto Rico: 1982).

[6] Morales del Valle, Z., J. Carnivali y J.L. Vázquez, "Divorcio en Puerto Rico". Conferencia presentada en la Escuela Graduada de Salud Pública, Río Piedras, 1984.

Varios ejemplos bastarán para ilustrar cómo la relación entre la pareja se ve afectada por esta forma de organización familiar. La división del trabajo[7] obliga a los cónyuges a pasar la mayor parte de su día separados. Cada cual trabaja en escenarios diferentes, que generan demandas y problemas distintos, la esposa en la casa y el hombre en la calle. Esta situación produce en ambos inquietudes, experiencias y necesidades emocionales divergentes. Para poder responder a las necesidades de otra persona y satisfacerlas, es necesario entender la situación de vida y las condiciones que crean esas necesidades y problemas. Debido a la división del trabajo, es poco probable que los cónyuges puedan darse apoyo o entender la vida del otro.[8]

El hombre —en el caso de que sea él quien trabaja asalariadamente— para ser exitoso en la calle tiene que desarrollar destrezas de competencia, agresión y resistencia al trabajo intenso de muchas horas. Como los hombres tienen que adaptarse a las organizaciones de trabajo, las cuales generalmente pasan por alto las necesidades emocionales de las personas,[9] esto les imposibilita desarrollar sensibilidad ante las necesidades de otros/as y aprender las destrezas necesarias para dar apoyo y sostén emocional. Toda esta tarea queda en manos de la esposa, quien no encuentra mucho apoyo para sí. Sin apoyo emocional para uno de los cónyuges es muy difícil que se consiga bienestar en la relación, y formas profundas de compartir experiencias.[10]

---

[7] Recordemos que sólo el 29.1 por ciento de las mujeres en Puerto Rico son trabajadoras asalariadas.

[8] Feldberg, R. y J. Cohen, "Family Life in an Anti-Family Setting: A Critique of Marriage and Divorce", *Family Coordination*, 25 (2), 151-159.

[9] Véase, por ejemplo, Braverman, H., *Trabajo y capital monopolista* (México: 1978) y López-Garriga, M., "La ideología del trabajo y la formación de la conciencia: Notas para el desarrollo de un objeto de estudio", *Revista de Ciencias Sociales*, 23 (1-2), 173-222, donde se describe la enajenación del trabajo en la sociedad actual, no sólo por la falta de control del producto y las formas de producir que sufren los trabajadores, sino por la competencia, aislamiento y el hecho de que el obrero es "cada día más una especie de apéndice de las máquinas" (p. 185).

[10] Feldberg y Kohen, *loc. cit.*

La posición de subordinación de la mujer ante la autoridad del hombre crea barreras insuperables para el logro de una relación de intimidad y respeto mutuo. Para poder mantener su posición de autoridad y de mayor poder en la relación, los hombres tienen que tornarse insensibles ante las necesidades de la mujer. Si el hombre considera las necesidades de su esposa, ya sea compartiendo con ella algunas de las tareas del hogar, o bien colaborando en la crianza de los hijos, complaciendo sus peticiones o desarrollando un patrón de fidelidad marital, inmediatamente paga un precio social, recibiendo sanciones negativas de los amigos varones. Casi siempre se le cuestiona su masculinidad o se le dice que "está sentado en el baúl".

Por otro lado, para mantener la posición de subordinación, la mujer debe aprender que es inferior, que debe sacrificarse y que sus necesidades no son importantes. Para obtener algún grado de bienestar en la relación, las mujeres se ven obligadas a recurrir al "cantaleteo" y a la manipulación.[11] Estas son las opciones que tienen las personas con poco poder legítimo. Esta situación no permite que se desarrolle verdadero respeto entre los cónyuges. En muchos casos la insensibilidad llega a grados extremos, como el abuso físico y verbal. En el estudio antes citado de Muñoz Vázquez, aproximadamente el 60.1% de las mujeres divorciadas informaron que en alguna ocasión el cónyuge las había maltratado físicamente. En estos casos extremos se ve con mayor claridad cómo la autoridad del hombre es un vehículo para controlar y dominar a la mujer.

El análisis de la influencia del patriarcado sobre la relación hombre-mujer nos lleva a entender el divorcio no a base del fracaso de la pareja, sino como una forma de resistencia o protesta usada principalmente por las mujeres para expresarse inconscientemente en contra de las condiciones nocivas u opresivas en su vida.[12]

---

[11] López-Garriga, M., "Estrategias de autoafirmación en mujeres puertorriqueñas", *Revista de Ciencias Sociales*, 20 (3-4), 267-286.
[12] Silva de Bonilla, *op. cit.*

La relación entre la situación socio-económica, las dificultades conyugales y el divorcio se produce a través del impacto que tienen en la pareja los variados niveles de exigencias y dificultades del mundo del trabajo, tales como lo repetitivo de la labor y el nivel salarial,[13] el desgaste emocional y físico que les produce su labor, las pocas horas que el trabajo deja disponibles para compartir con la pareja, las altas tasas de desempleo y el acceso desigual a una vivienda adecuada.

En nuestra sociedad se expresa, especialmente por parte de agencias gubernamentales, que la familia es la institución más importante que tenemos. No obstante, aun con un examen superficial de nuestra realidad, notamos que el bienestar de la familia está subordinado a los requisitos de la empresa. A través del sueldo que devengan los cónyuges se proveen las bases financieras para la formación de los matrimonios. Los empresarios controlan en lo fundamental quiénes trabajan, a qué horas trabajan y por cuánto dinero; controlan, por lo tanto, los niveles de vida de las familias. En muchos casos los cónyuges tienen que trabajar muchas horas en condiciones muy competitivas, en una labor monótona y repetitiva que resulta muy tediosa. Ciertamente esto repercute en la relación conyugal, al existir una pareja cansada, irritada y ausente total o parcialmente del hogar.

Queremos destacar que cuando la crisis económica toma proporciones alarmantes, la situación de la familia se agrava. Dos ejemplos son el desempleo y la escasez de viviendas. Varios estudios presentan datos estadísticos que indican que la tasa de participación del hombre en la fuerza de trabajo ha descendido en nuestro país a partir de principios de siglo. "En la población masculina adulta la participación económica desciende de 93.7% en 1899 a 81% en 1930 y a 79.4% en 1940".[14] La proporción de personas de 14 años o más en la

[13] Esto incluye, además, si el tipo de trabajo es manual o intelectual, creativo o repetitivo, gerencial o subordinado/a y, en términos generales, la desvinculación del que produce con el poder de tomar decisiones con respecto al proceso del trabajo que realiza y su producto.

[14] Vázquez Calzada, citado en Silva de Bonilla, *op. cit.*

fuerza trabajadora ha disminuido continuamente; la tasa de participación para hombres bajó de 71% en 1950 a 54% para 1980.[15]

Zaretsky[16] comenta un estudio llevado a cabo en Estados Unidos por dos economistas, Heather Ross e Isabel Sawhill, entre 1968 y 1972, con una muestra nacional de 5,000 familias. Encontraron que la tasa de separación era por lo menos dos veces más alta en las familias en que el marido había experimentado una situación seria de desempleo durante los tres años que precedieron al estudio. Concluyeron que la estabilidad del ingreso puede ser más importante que el nivel de ingreso para explicar la separación.

En Puerto Rico, donde el desempleo es gigantesco y la tasa de participación laboral masculina ha descendido, esta situación puede explicar en gran medida las dificultades confrontadas en los matrimonios.

Por otro lado, se ha interpretado erróneamente el hecho de que la mujer trabaje asalariadamente como un factor que propicia el divorcio. Nazarri[17] propone que más bien ocurre lo contrario: el divorcio tiene el efecto de incorporar a la mujer a la fuerza de trabajo asalariado. Ella conceptualiza este proceso como uno de proletarización para la mujer.[18] En otras palabras, la disolución del matrimonio transforma el tipo de relación donde el esposo provee apoyo financiero y la mujer provee servicios al marido, y establece un proceso que le proporciona a los empresarios una mayor cantidad de personas (en este caso mujeres) a quienes pueden emplear, aunque no haya aumentado la población.

[15] Colón, A., M. Muñoz, N. García e I. Alegría, "Trayectoria de la participación laboral de las mujeres en Puerto Rico en los años 1950 a 1981: Estudio sobre la calidad de vida y la crisis económica en Puerto Rico". Trabajo presentado en el Congreso de Sociología, Río de Janeiro, 1986.
[16] Zaretsky, E., "The Effects of the Economic Crisis on the Family", (fotocopia).
[17] Nazarri, M., "The Significance of Present-Day Changes in the Institution of Marriage", *The Review of Political Economics*, 12, 63-75.
[18] Proletarización es el proceso mediante el cual se abole la servidumbre, colocando a los antiguos siervos en una situación en que deben vender su fuerza de trabajo para subsistir.

Para demostrar que, en efecto, el divorcio desata un proceso de proletarización para la mujer Nazarri presenta los siguientes datos sobre Estados Unidos: a) desde el comienzo de este siglo, la tasa de divorcio ha aumentado en 700 por ciento; b) una de cada tres personas adultas está divorciada, soltera o viuda; c) cuatro de cada diez niños nacidos en la década del 70 vivirán parte de sus vidas en una familia de un sólo padre o madre; d) sólo un 3% de estas familias recibieron suficientes pagos en pensión alimenticia como para colocarlas sobre el nivel de pobreza sin que la madre tuviera que trabajar; por otro lado, el 61% de estas familias no recibió dinero y e) los/as niños/as que viven en casas cuyo jefe de familia es la madre, viven en condiciones de gran privación. El 60% de los niños que viven en familias cuyo jefe es una mujer blanca carecen de lo esencial; esto aumenta a 75% cuando se trata de niños/as menores de 5 años y es todavía peor cuando la familia está encabezada por una mujer negra, en cuyo caso cinco de cada seis niños no tienen acceso a lo esencial. Según Nazarri, esta privación es la esencia de la proletarización de la mujer, o sea, el factor que obliga a la mujer a trabajar asalariadamente.

En Puerto Rico, según el Censo de 1980, el 29% de la población adulta de mujeres son viudas, divorciadas o solteras, al igual que el 25% de los adultos varones. Además, del total de viviendas en Puerto Rico, el 33% están ocupadas por personas no casadas, en su mayoría mujeres sin esposos. Esto se debe en parte a que el gobierno de Puerto Rico ha dado preferencia a la mujer jefe de familia por encima del hombre en el acceso a viviendas de bajo costo.[19] En Puerto Rico, la mujer es la jefe del hogar en una de cada cinco familias.[20]

Por otro lado, el Censo de 1970 reveló que en Puerto Rico 73.7% de las mujeres jefes de familia viven bajo el nivel de pobreza y carecen de los recursos esenciales para resol-

---

[19] Safa, H.I., "The Female-Based Household in Public Housing: A Case Study in Puerto Rico", *Human Organization*, vol. 24, no. 2, págs. 135-139.

[20] Morales del Valle, Carnivali y Vázquez, *loc cit.*

ver adecuadamente sus problemas domésticos.[21] Si añadimos a estos datos el hallazgo del estudio de Robles donde se demuestra que las mujeres divorciadas en Puerto Rico acuden a trabajar en una proporción más alta que cuando estaban casadas,[22] podemos entonces argumentar que posiblemente sea cierto para Puerto Rico lo propuesto por Nazarri para Estados Unidos, es decir, que el divorcio afecta a la mujer incorporándola a la fuerza de trabajo asalariado.

Concluimos que el trabajo asalariado de la esposa por sí mismo no es un factor contundente para provocar el divorcio. El trabajo asalariado de la esposa ocasionó pocos problemas y conflictos entre la pareja según lo informaron los/as participantes del estudio de identificación de necesidades.[23]

La compleja relación entre el mundo del trabajo y la opresión en el ámbito doméstico, unida a la distorsión ideológica que interpreta el divorcio y las dificultades conyugales como expresión de un fracaso personal, le impide a las personas en muchas instancias transformar efectivamente las prácticas sociales que le producen desconcierto y desasosiego.

Las razones por las cuales a las clases dominantes les conviene mantener la opresión de la mujer en el matrimonio tal como está instituido actualmente, son las mismas por las cuales se oponen a la opción del divorcio como alternativa legítima. En este caso se utilizan mecanismos de control tales como el rechazo social, el aislamiento, los procedimientos judiciales poco adecuados y la falta de apoyo económico y profesional.

El control del trabajo doméstico está ligado indirectamente a la producción de mercancías, mediante la función que las mujeres cumplen de reponer las energías de los trabajadores (fuerza de trabajo) al cocinar, planchar, etc. para

---

[21] Acín, M., *Perfil estadístico de la mujer puertorriqueña* (San Juan: 1979).

[22] Robles, R., "The Impact of Divorce on Recently Divorced Women". Manuscrito inédito, Universidad de Puerto Rico, Río Piedras, Center for Sociomedical Studies and Evaluation Research.

[23] Muñoz Vázquez y Fernández Bauzó, *op. cit.*

que ellos puedan ejercer efectivamente sus funciones día a día. Las mujeres también cumplen una función central en la reproducción de la fuerza de trabajo futura. Estas labores se realizan sin que se les pague, lo que permite a las clases dominantes obtener mayores tasas de ganancias.[24]

Para conocer las causas y las consecuencias de la situación descrita anteriormente nos dimos a la tarea de llevar a cabo un proyecto de investigación que incluyó talleres para personas divorciadas,[25] y grupos de discusión. Uno de los grupos estuvo compuesto en su mayoría por mujeres profesionales, otro por mujeres de sectores trabajadores y otros dos por hombres profesionales, de sectores trabajadores y de sectores gerenciales. Cada grupo tuvo 12 reuniones de dos horas de duración cada una.

La interacción de las participantes estuvo basada principalmente en la metodología del grupo de concientización según Freire y Allen.[26] Grabamos y transcribimos todo lo expresado en las reuniones y mediante un análisis de su contenido intentamos corroborar las siguientes hipótesis:

1. Que la ideología dominante sobre la pareja permea las experiencias subjetivas y las prácticas de los/as participantes. Esto a su vez reproduce las dificultades de las parejas inherentes al patriarcado y al sistema de producción vigente tal y como lo explicamos en nuestros postulados sobre el divorcio.

2. Que las personas se resisten ante la opresión impuesta por el orden económico-político e ideológico, aunque aisladamente o inconscientemente, muchas veces manteniéndose absorbidas y dentro de los límites de la ideología dominante.[27]

[24] Larguía, I. y J. Dumoulin, *Hacia una ciencia de la liberación de la mujer* (Barcelona: 1975).

[25] Estos talleres usualmente duraban un día. En ellos compartimos con más de 300 personas divorciadas.

[26] Véase Freire, P., *Pedagogía del oprimido* (México: 1979), *Concientización* (Colombia: 1973) y *La educación como práctica de la libertad* (México: 1971) y también Allen, P., *Free Space: A Perspective on the Small Group in Women's Liberation* (New York: 1972).

[27] Silva de Bonilla, *loc. cit.*

3. Que en las dificultades enfrentadas en el proceso de divorcio se verán reflejados los mecanismos de control social que favorecen una relación de pareja enmarcada en la opresión (como por ejemplo, la ideología del divorcio como fracaso).

4. La estratificación de clase social y la opresión de género distingue y establece diferencias en las experiencias y problemas suscitados por el proceso de divorcio.

En el resto del artículo ilustraremos[28] a través de citas tomadas de las transcripciones las premisas expuestas en estas hipótesis.

En las expresiones vertidas por los/as participantes de los grupos de discusión pudimos corroborar en múltiples ocasiones que la estructura patriarcal y la ideología dominante sobre la pareja les ocasionó dificultades en su pasado matrimonio, además de causarle problemas en sus relaciones presentes. Veamos las siguientes citas, de dos de las mujeres, que ilustran algunos de los problemas y cuestionamientos subsiguientes al control del trabajo doméstico y la sexualidad femenina en el matrimonio.

"Te conviertes en la señora de la casa, seria, que lava y cocina y nada más. Se aborrecen. Tú das el 100% de tí ¿a cambio de qué? Ellos se cansan y te dejan, por tratar tú de ser lo mejor".

"Yo tuve una expriencia que me dejó media confusa. En mi propio matrimonio yo sentí que yo tenía que ser bien expresiva y en una ocasión no se qué fue lo que traje a colación, si fueron unas posiciones que ví en un libro... aquello fue apoteósico, 'no me tienes que decir cómo es que se hace, no hay que leer libros ni nada de eso'."

Otra de las mujeres describe una interacción con un hombre que había conocido recientemente. Podemos notar que él trata de menoscabar su gestión de educarse (lo cual indirecta-

---

[28] Para un análisis más completo véase el libro de Muñoz Vázquez y Fernández Bauzó citado antes.

mente sugiere que las mujeres deben ser amas de casa) y la subsiguiente protesta de ella:

> "No, después de eso me siguió hablando, que qué yo estaba haciendo, si estudiando. Y dice: 'La verdad que las mujeres que estudian no se sensibilizan'. Yo le dije: 'Mi hijo, tú estás bien equivocado si lo estás diciendo por mí'."

En varias expresiones vertidas por los hombres se ilustran claramente algunas de las dificultades conyugales creadas por la autoridad y poder que debe ejercer el hombre sobre la mujer. Además se ilustran algunos mecanismos de control social impuestos a través de los amigos para que se mantenga el orden social establecido:

> "El machismo afecta mucho y la cuestión de que la esposa en un momento dado llama la atención a algo... y el que decide soy yo... sabiendo que uno está erróneo".

> "Y para tus amigos, si estás tratando de llevar a cabo esa fidelidad, te tienen sentado en el baúl, tú eres un pendejo, te tienen dominado".

> "Cuando yo estaba recién casado me decían que no me dejara montar la esposa encima porque después no iba a poder desmontarla".

Podemos notar en estas citas y en las subsiguientes el cuestionamiento de estos hombres ante los parámetros que se le imponen como práctica usual en las relaciones conyugales: ser el que ejerce el poder, la infidelidad y la expectativa de siempre ser fuertes y autosuficientes, destrezas que necesitan para ser buenos proveedores y resistir los embates del mundo del trabajo. Las próximas citas ilustran también algunas de las dificultades que enfrentan algunos hombres en el proceso de divorcio debido a la ideología ya mencionada de que el hombre no se supone que sienta dolor, ideología reforzada por los estatutos legales y procedimientos legales en el divorcio:

"En mi caso yo no solicité ayuda, ni nada. No fui a un psicólogo, no fui a un sacerdote, no fui a nadie... no se me ocurrió buscar ayuda de nadie. No sé si por la forma de yo ser, o por el machismo, o qué sé yo qué".

"Tú lo estás diciendo como que ante la ley el hombre es el fuerte y la mujer la débil... pero que el hombre se supone que no sea débil, que no sea víctima, que no sea partícipe de sentir ese dolor o sentir malestar en una relación".

La presión social hacia el matrimonio se ve reflejada en la siguiente cita. Contiene la expresión de una de las participantes:

"Recordarte que si tú volvieras a casarte con tu esposo,* eso sería lo ideal, tú te has portado bien, consérvate ahí, porque él está ahí y ustedes pueden volver. Y uno sin darse cuenta vuelve a caer en lo mismo, y yo digo ¿será posible? Yo estuve un viernes en que cinco personas que no veía hace tiempo, todos me dijeron lo mismo, '¡Ay, yo creo que ustedes van a volver' y yo dije: ¡pobre de mí! Yo creía que tenía que estar esperando pero pensé como que me estoy dejando manejar por la situación.

La estratificación de clase social establece diferencias en algunos de los problemas suscitados por el divorcio. Esto se refleja en los temas que seleccionaron para la discusión los grupos de mujeres. Las limitaciones económicas, las dificultades para conseguir empleo, y el tipo de vivienda fueron preocupaciones principales para las mujeres del sector trabajador, mientras que no lo fueron para las del sector profesional.

Varias de las mujeres del sector trabajador coincidieron en que por limitaciones económicas se veían en la necesidad de vivir en viviendas subsidiadas por fondos federales. Esta situación las expuso a un aumento de los controles que se ejercen sobre sus vidas, mediante reglamentos y vigilancias,

---

* Se refiere a su ex-esposo.

que ellas sintieron como humillantes. Veamos la siguiente cita donde una de ellas se expresó con relación a un intento de desalojarla del apartamento porque estando divorciada tuvo un embarazo:

> "Y al principio que yo salí encinta me llamaron allá abajo a entrevista..., y yo estaba preparada y yo tenía una prima allí por si acaso me fueran a investigar... entonces me dijeron porque tú tienes que traerlo a él y yo le dije mire, yo no puedo molestarlo a él porque el único teléfono que yo conozco es el de su trabajo y yo no voy a estar molestándolo para estas estupideces... y a todo esto yo fui otra vez pero al sitio donde se dan quejas, o sea, después de dos semanas me llamaron... vinieron cuatro en un salón de conferencia y yo solita, yo no estaba nerviosa ni nada y flaquitita, bueno, que eso fue jueves a las ocho de la mañana, a las ocho de la noche me llamaron para darme el apartamento... Sí, entonces llamé a la oficina, tu sabes y después me dijeron que no encontraron causa suficiente para botarla y que el caso quedaba cerrado, pero si yo no me muevo y no pido pues entonces se siguen burlando y no porque a ellos le dan la gana y yo sé casos de mujeres que han vivido aquí y ellas le han cerrado el caso porque están encinta".

Aunque las dificultades que enfrentan tanto hombres como mujeres en el proceso del divorcio son muy similares, particularmente en lo que se refiere a la crisis emocional, la mujer, contrario al hombre, casi siempre adquiere una doble responsabilidad con los hijos pues tiene que convertirse en madre, padre y proveedora. Como otra forma de control ideológico en el divorcio, la custodia está casi garantizada para las madres. En 1979 la custodia de los/as hijos/as se le otorgó a las madres en el 96.4% de los casos, a los padres en el 2.5% y en el 1.1% se les otorgó a ambos.[29]

Para los hombres la crisis del divorcio se agudiza porque temen que desde ese momento en adelante dejarán de formar parte importante en la vida de los/as hijos/as, perderán su

---

[29] Morales del Valle, Carnivali y Vázquez, *loc. cit.*

casa y en ocasiones objetos que ellos aprecian. El padre, en muchos casos, tiene que someterse a los dictados de la corte y a la preferencia de las madres para estar con los/as hijos/as. Una de las objeciones mayores de los hombres en estos grupos lo constituyó el prejuicio sentido hacia ellos en los procesos judiciales a los cuales tuvieron que acudir en el proceso de su divorcio. La siguiente cita hace referencia a esto:

> "Que es como decir, que la mujer es la que tiene todo por ley, por ejemplo, un caso que tú te divorcias, de la misma sentencia hay pensión alimenticia, donde la misma dice que tú tienes derecho de ir a buscar ese hijo, tenerlo contigo. Yo voy a buscar ese hijo y no está. Tú dejas de pasar la pensión alimenticia, inmediatamente te van a buscar arrestáo. Ahora, si tú vas a la corte y dices mira, mi mujer no me deja ver a mi hijo y ni te hacen caso. O sea, que hay, yo diría, un desbalance, donde la ley está balanceada solamente hacia las mujeres y esto está creando conflicto con los hijos. Porque en el caso mío, porque yo he pasado por eso y he tenido la suerte que he sabido controlarme y esperar a su tiempo".

Con estos ejemplos, aunque no cubren la compleja gama de las dificultades de la relación hombre-mujer y las que se enfrentan en el divorcio, comenzamos a corroborar que las dificultades en la relación de pareja son el producto de la opresión impuesta por el orden económico-político e ideológico vigente.

Las mujeres y el cambio en la norma jurídica

Esther Vicente

Esther Vicente es abogada y profesora visitante en la Escuela de Comunicación Pública de la Universidad de Puerto Rico. Desde que obtuvo su grado de *juris doctor* en 1976 ha trabajado en programas de servicio a grupos minoritarios. Trabajó en la Corporación de Servicios Legales y coordinó el Proyecto sobre Derechos de la Mujer del Instituto Puertorriqueño de Derechos Civiles. En la actualidad se desempeña como consultora en la Comisión para Asuntos de la Mujer, Oficina del Gobernador. Sus artículos han aparecido en revistas y periódicos del país. Tiene en preparación una publicación sobre remedios legales para el hostigamiento sexual.

Nadie cuestiona la proposición de que en nuestra sociedad aún están vigentes nociones arcaicas y estereotipadas sobre la naturaleza de nosotras las mujeres, sobre nuestras capacidades y sobre el papel que desempeñamos en la sociedad. La visión imperante sobre nosotras las mujeres es un producto masculino, ya que han sido los hombres quienes han controlado hasta ahora el poder para definir roles e instituciones en nuestra sociedad.[1] La definición tradicional de "lo femenino" es un elemento central de esta visión. "Lo femenino", en el sentido tradicional, es ser complaciente con el hombre; es la sumisión, la dependencia, lo doméstico, lo privado.

Estos rasgos con que se nos caracteriza a las mujeres refuerzan el sistema que adjudica a los hombres el control y el poder para definir los roles y adjudicar capacidades a los géneros. Estos rasgos, de otra parte, nos limitan al plano de lo privado y nos aíslan de la vida pública.

Este control sobre nuestras vidas se ha logrado y se ha mantenido a través de varios mecanismos, tanto gubernamentales como privados. Históricamente, el derecho, la norma jurídica, ha figurado de forma prominente entre los mecanismos utilizados para controlar aspectos importantes de la vida de las mujeres. En 1872, el Juez Bradley del Tribunal Supremo de Estados Unidos expresó lo siguiente:

> El hombre es o debe ser el protector y defensor de la mujer. La timidez y delicadeza natural perteneciente al sexo femenino evidentemente la incapacita para muchos trabajos en la vida civil. La constitución de la organización familiar que está fundada en mandato divino, al igual que en la naturaleza de las cosas, señala hacia la esfera doméstica como la función y dominio propio a que pertenece la mujer.[2]

[1] Karst, Kenneth, L., "Woman's Constitution", 1984 *Duke Law Journal* 447.

[2] *Bradwell* v. *The State*, 83 U.S. 130, 141 (1872). Según citado en *Zachry International* v. *Tribunal Superior*, 104 D.P.R. 267 (1975), a la nota 14.

Entre los aspectos de nuestra vida controlados por el derecho podemos mencionar: el matrimonio, los bienes gananciales, el divorcio, la custodia y patria potestad sobre los niños, la legitimidad o ilegitimidad de los hijos extramatrimoniales, el aborto, la contracepción, la prostitución, la violación, etc. Otros mecanismos utilizados para ejercer control sobre nosotras las mujeres y para mantenernos en el plano doméstico son, por ejemplo, el discrimen en el empleo —incluyendo el hostigamiento sexual— nuestra exclusión de cierto tipo de trabajo y la compensación desigual por trabajo equivalente.

Aun estatutos en apariencia protectores han servido a este propósito. El estatuto sobre el delito de violación técnica es un ejemplo. Este delito aparece definido en el Artículo 99 del Código Penal de Puerto Rico, según enmendado, y prohíbe tener acceso carnal con una mujer, *que no fuere la propia*,[3] entre otras modalidades, si la mujer fuere menor de 14 años, aunque ésta preste su consentimiento.

Sobre la violación técnica nos dice Kenneth Karst:

> Las discusiones modernas sobre este delito lo presentan como una protección para la niña o la mujer joven contra su propia inmadurez, que la lleva a dar un consentimiento viciado a una relación sexual. Lo cierto es que este delito tuvo su origen en la Inglaterra del siglo XIII y que su propósito era conservar la elegibilidad de la niña para el matrimonio, y así preservar el valor que ésta representaba para la fortuna de su padre. Lo que se protegía no era la libertad de la niña, sino precisamente su status de objeto, su valor como ficha de regateo en un negocio entre dos hombres.[4]

En Puerto Rico, en época más reciente (1975), la Asamblea Legislativa derogó varios estatutos conocidos como

---

[3] Otro ejemplo de aspectos importantes de nuestras vidas controlados por el derecho es la legalidad de la violación en el matrimonio, reconocida por este estatuto. Esta disposición limita nuestra capacidad para tomar decisiones importantes sobre nuestros cuerpos y violenta nuestros derechos a la intimidad y dignidad.

[4] Karst, *op. cit.*, *supra*, nota 1, pág. 480.

"Leyes Protectoras", las cuales de su faz aparentaban proveer protección especial a las mujeres que se incorporaban al trabajo asalariado, pero que realmente tenían el efecto de discriminar en su contra.[5]

El discrimen que promovían estas medidas protectoras se manifestaba de varias formas. Se limitaba la jornada de trabajo de las mujeres de suerte que se prohibía asignarles turnos desde las diez de la noche hasta las seis de la mañana, aunque la propia ley disponía que, a petición del patrono, el Secretario del Trabajo le exonerara de cumplir con la misma. Esta limitación no aplicaba a telefonistas, telegrafistas, artistas, enfermeras, trabajadoras del servicio doméstico, ni a trabajadoras de hoteles comerciales o de turismo. Tampoco aplicaba a la industria dedicada a empacar, enlatar o refrigerar frutas y vegetales ni a las industrias de textiles.

Otra medida establecía que el patrono que contratara mujeres debía proveer sillas en el área de trabajo para que las mujeres las utilizaran cuando no estuviesen en el desempeño de sus funciones o cuando éstas no requiriesen que estuvieran de pie. Otras medidas exigían requisitos mínimos de espacio, ventilación y disponibilidad de agua potable en los lugares donde trabajasen mujeres.

El resultado de esta legislación fue limitar las oportunidades para la mujeres en el mercado de trabajo, puesto que el patrono tenía que hacer una inversión especial para contratar mujeres; estas leyes consagraban concepciones estereotipadas de las mujeres como seres inferiores, débiles y no aptos para la vida pública y el trabajo fuerte. Peor aún, algunos patronos, cuando no querían contratar mujeres, podían establecer en la descripción de trabajo condiciones que las descalificaban como candidatas. Por ejemplo, incluir como condición para empleo trabajar turnos nocturnos en el horario vedado a las mujeres.

Estas disposiciones jurídicas promovieron la segregación por género que aún hoy se observa en la fuerza de trabajo y

[5] Ley Núm. 25 de 12 de noviembre de 1975.

que reserva los trabajos más lucrativos para los hombres y limita las opciones accesibles a las mujeres a escoger entre quedarse en el hogar o aceptar los trabajos peor remunerados y los menos deseables.

Podría pensarse que el Estado promueve esta legislación en un esfuerzo por reconciliar la necesidad de incorporar las mujeres a la fuerza de trabajo asalariado con la visión tradicional de que el espacio de la mujer es el hogar, ser madre y esposa. También puede haber respondido al hecho de que, dado que los hombres controlaban la instancia legislativa, se abrió camino a la incorporación de las mujeres al trabajo asalariado pero no se abrió totalmente dicho campo, sino que se intentó controlar el acceso al mismo, limitándolo.

El propio Tribunal Supremo de Puerto Rico, al decretar la inconstitucionalidad de una de estas medidas protectoras en el año 1975, señaló lo siguiente:

> En su perspectiva histórica, la disposición de ley que nos ocupa, data del año 1919 y está inspirada en la noción de un paternalismo romántico del Estado hacia la mujer...
>
> La razón aducida por el Estado al establecer la referida clasificación en orden a "su preocupación por proteger la frágil naturaleza femenina de los riesgos inherentes a las jornadas prolongadas o interminables de trabajo" constituye una conclusión contra las potencialidades de la fuerza obrera femenina del país. Se nutre de algunas premisas subjetivas erróneas tradicionales y estereotipadas que emanan de una visión masculina que consciente o inconscientemente tiene su razón de ser en la concepción y caracterización de la mujer como sexo débil. El pedestal en que se intenta situar a la mujer en este enfoque tradicional y paternalista puede resultar a veces en una jaula para aprisionarla, incompatible con sus derechos legítimos.[6]

A pesar de estas manifestaciones del Tribunal Supremo, no debe escapársenos el hecho de que se hacen en el contexto

---

[6] *Zachry International v. Tribunal Superior*, 104 D.P.R. 267, págs. 280, 282 (1975).

de una controversia entre una corporación, la Zachry International, y un grupo de trabajadoras. Estas reclamaban reembolso por horas trabajadas en exceso de la jornada establecida por ley y aquélla insistía en que dicha compensación se basaba en ideas estereotipadas sobre la capacidad de trabajo de las mujeres. El estatuto en controversia era la Ley Núm. 105 de 6 de junio de 1967, enmendatoria de la Ley Núm. 73 del 21 de junio de 1919, la cual establecía la concesión del descanso intermedio no menor de veinte (20) minutos y reglamentaba específicamente el periodo para tomar alimentos en el caso de las mujeres. Lo paradójico de este caso es que al recoger el Tribunal planteamientos adelantados por el movimiento feminista, el resultado neto fue perjudicial en lo inmediato a un grupo de mujeres. Cabría preguntarse si no se trata de que el grado de incorporación de las mujeres a la fuerza de trabajo es tal y tan necesario que a los intereses económicos concernidos no les convienen las medidas especiales adoptadas para proteger a las mujeres.

Cualquiera que sea la interpretación que demos a este proceso, no podemos escapar a la conclusión de que el derecho ha servido como instrumento para mantener la subordinación de nosotras las mujeres. A pesar de los reclamos provenientes de las mujeres y de otros sectores progresistas del país por cambios en las estructuras que mantienen relaciones de subordinación y dominación, que a su vez definen la relaciones entre los géneros, no fue sino hasta la tercera década del siglo XX que todas las mujeres en Puerto Rico obtuvimos el derecho al sufragio, y así la posibilidad de ejercer alguna influencia directa para cambiar las condiciones desventajosas impuestas mediante la legislación.

El análisis sobre la utilidad de trabajar en favor del cambio en la norma jurídica debe situarse en el contexto de una visión del derecho como reproductor de las relaciones sociales existentes en la sociedad.

Como señala Rivera Ramos,[7] el derecho recoge el arreglo

---

[7] Rivera Ramos, E., "Derecho y Cambio Social: Algunas Reflexiones Críticas", palabras pronunciadas durante la ceremonia de instalación de la

de relaciones sociales que define en cada sociedad la relación de todos sus miembros entre sí y que prescribe la ubicación de los miembros de ésta en los procesos sociales, y los traduce en normas. De esta manera el derecho depende y se nutre de la base económica y social que lo produce. Esta dependencia, sin embargo, se ve mediada por otros elementos, como los valores históricos que encarnan la norma, los cuales a su vez son afectados por los procesos histórico-sociales que le dan origen.

El derecho además cuenta con cierto grado de autonomía del orden social del que depende, y es esta autonomía precisamente la que garantiza su legitimidad. "El derecho entra en una relación dialéctica —de influencias recíprocas— tanto con otros aspectos de la superestructura —la política, la religión, la moral, el arte, la filosofía— como con aspectos de la infraestructura misma —las relaciones de producción, las luchas de clases, etc. De ahí que el derecho manifiesta una cierta capacidad para modificar algunos aspectos de la realidad económica, social y política. Lo que hay que entender es que se trata de una capacidad limitada y que, como sugiere Althusser, esa capacidad de reacción tiene diferentes "índices de eficacia". Habría que añadir que esos "índices de eficacia" variarán según la formación social dada, el momento histórico particular, el grado de desarrollo de las relaciones de producción y del sistema jurídico vigente y otras particulares circunstancias materiales e ideológicas de la coyuntura de que se trate".[8]

¿Cuál entonces es la utilidad del trabajo por el cambio en la norma jurídica? Como señalamos anteriormente, el derecho tiene una capacidad limitada como instrumento para lograr los cambios en las estructuras sociales que fomentan y mantienen las relaciones de subordinación entre los géneros. Esta utilidad limitada estriba en que es posible capitalizar las percepciones de que poseemos derechos para iniciar y nutrir

nueva Junta Editora de la Revista Jurídica de la Universidad de Puerto Rico celebrada el 31 de marzo de 1987. *Rev. Jur. U.P.R.* (1987).

[8] *Ibid.*, pág. 9.

la movilización social y política necesaria para generar apoyo a intereses que han estado excluidos de la distribución de poder. De esta manera podemos promover el realineamiento de las fuerzas políticas necesarias para el cambio social. Es decir, las normas jurídicas —como parte de la ideología imperante en la sociedad— comunican percepciones importantes a los miembros de ésta. El cambio en la norma jurídica puede servir para dirigir y promover el cambio en las percepciones de los miembros del sector favorecido por la norma.

Otra forma en que se manifiesta esa capacidad, aunque limitada, del derecho para impulsar el cambio social es la posibilidad que manifiesta de reaccionar a los procesos económicos y sociales de los cuales se nutre. El derecho se ve afectado por las luchas sociales de las mujeres y traduce en normas las conquistas logradas por nosotras mediante nuestras luchas sociales. Las luchas en la instancia jurídica además pueden ayudar a facilitar los espacios de acción necesarios para el desarrollo de los movimientos sociales. Por ejemplo, los logros alcanzados en la ampliación de las libertades de expresión que facilitan la denuncia y constituyen instrumentos importantes en las actividades organizativas del movimiento feminista fueron el resultado de planteamientos esbozados en la instancia jurídica[9] por el movimiento de derechos civiles durante la década del 1960 en Estados Unidos.

Las mujeres puertorriqueñas desde el siglo pasado hemos confrontado los roles tradicionales que se nos asignan y hemos planteado de manera militante reclamos por leyes equitativas y por un orden social más justo.[10] Señalan Colón, Mergal y Torres:

[9] Para una discusión de las formas en que el derecho puede impactar las luchas sociales véase Rivera Ramos, supra a la nota 8.
[10] A esos reclamos se unieron otros sectores progresistas como el movimiento obrero, el Partido Socialista e intelectuales destacados. Uno de esos intelectuales fue Nemesio Canales: "...y me tomo la libertad, porque soy muy su amigo como probé bien cuando vine a la Cámara y la alboroté toda con aquella ley que presenté para devolverles todos los derechos que abusi-

> Durante las últimas décadas del siglo XIX y las primeras del XX nuestro feminismo cobró un auge notable y fue tema obligado en revistas, periódicos y tertulias. Se debatía cuáles eran las demandas fundamentales para la emancipción de la mujer; cuánto debían inmiscuirse las feministas en los asuntos político-partidarios; si el voto debía ser universal o para las mujeres que sabían leer y escribir solamente; qué relación, si alguna, se debía establecer entre el feminismo puertorriqueño y el de las mujeres en lucha en los Estados Unidos; su vinculación con el problema del status de Puerto Rico, y finalmente, cómo afectarían a las mujeres, los hombres y la familia puertorriqueña los cambios que éstas exigían.[11]

Como demandas específicas nuestras compañeras del pasado exigían el derecho al trabajo asalariado, el derecho a recibir igual paga que los hombres por trabajo equivalente, el derecho a la sindicalización. Exigían igualdad y libertad, igual participación que los hombres en la vida del país, reformas en las leyes de divorcio y medidas relacionadas con el abandono de esposas y menores. También exigían vacaciones por maternidad con paga y la creación de salas-cunas en los centros de trabajo.[12]

Estos reclamos se tradujeron en la aprobación de normas jurídicas que ampliaron el ámbito de acción de las mujeres puertorriqueñas,[13] como por ejemplo el derecho al voto en la

vamente les usurpó el hombre; lo cual es algo más, mucho más que conquistar el voto". *Antología Nueva de Nemesio Canales II Meditaciones Acres,* Edición de Servando Montaña.

[11] Colón, A., Mergal, M., Torres, N. *Participación de la Mujer en la Historia de Puerto Rico (las primeras décadas del siglo veinte)* (1986), pág. 12, nota 15.

[12] *Ibid.*, págs. 16 y 46.

[13] Los reclamos de los grupos feministas y del movimiento obrero dieron impulso al trabajo para que se reconociera el derecho al sufragio a las mujeres puertorriqueñas. "La lucha por este derecho fundamental que en realidad se remonta al siglo pasado, fue vergonzosamente larga. En 1909 Nemesio Canales auspició un proyecto de ley en favor del sufragio universal. Fue derrotado... Las cámaras legislativas se negaron repetidamente a concederle el voto a la mujer. En 1924 la Liga Sufragista argumentó en corte la aplicación a Puerto Rico de la enmienda décimonona a la Constitución de

década del 30. Sin embargo, otros cambios en la norma jurídica fueron medidas de naturaleza protectora que discriminaban contra las mujeres que se integraban al trabajo asalariado al imponer prohibiciones y restricciones que no se imponían a los hombres y requerir que los patronos clasificaran a su empleomanía de acuerdo con el género. De esta manera se privaba a las mujeres de igualdad de oportunidades en el empleo.

Pero el activismo del movimiento feminista temprano en la década del 1970,[14] dio ímpetu a la revisión por parte del Tribunal Supremo de Puerto Rico de los criterios constitucionales para evaluar los estatutos que establecen clasificaciones basadas en el género. Durante los años 1974, 1975 y 1976, tanto el Tribunal Supremo —mediante opiniones judiciales— como la Legislatura —mediante la aprobación de legislación— derogaron gran parte de aquellas disposiciones "protectoras" por considerarlas inconstitucionales. El Tribunal Supremo secundó los planteamientos del feminismo en el sentido de que la llamada protección de las mujeres —la construcción de un pedestal/jaula— es un mecanismo central de nuestra opresión. Así lo expresó en el caso *Zachry Internacional* v. *Tribunal Superior, supra,* a la

---

Estados Unidos, aprobada en 1920, que le reconocía el derecho al voto a la mujer. Duele decir que en *Morales y Benet* v. *Junta de Inscripciones,* 33 D.P.R. 79 (1924), en una decisión desafortunada, el Tribunal Supremo de Puerto Rico resolvió que el derecho al voto no es un derecho ciudadano fundamental, razón por la cual la vigésimonona enmienda no aplica a Puerto Rico. No fue hasta las elecciones generales de 1932 que se les permitió votar a las mujeres, pero únicamente a las que supieran leer y escribir, condición no requerida para el hombre. Finalmente, en 1936, este tipo de sufragio censatario cedió al concepto, tantas veces negado, del sufragio universal". Trías Monge, J., *Los Derechos de la Mujer,* 44 *Rev. C.A.* 1 (1983), pág. 45.

Véase también, Proyecto de Ley Núm. 39, Para la Emancipación Legal de las Mujeres, sometido el 21 de enero de 1909, 5ta Asamblea, 1ra Sesión. Presentdo por el Lcdo. Nemesio Canales, en la Cámara de Delegados.

[14] Durante este periodo se destacan los trabajos de la Federación de Mujeres Puertorriqueñas y de Mujer Intégrate Ahora, así como gestiones realizadas por un nutrido grupo de mujeres quienes en su carácter personal fomentaban la discusión sobre la subordinación de las mujeres en la sociedad puertorriqueña.

página 282, al establecer que: "El pedestal en que se intenta situar a la mujer en este enfoque tradicional y paternalista puede resultar a veces en una jaula para aprisionarla, incompatible con sus derechos legítimos".

A través de la instancia legislativa se establecieron otros cambios. En 1972 se incorporó a la Ley Núm. 100 de 1959 una disposición para prohibir específicamente a los patronos y a las uniones obreras discriminar por razón de género. En 1973 se aprueba la Ley Núm. 57 de 30 de mayo, enmendada posteriormente el 30 de mayo de 1979, para crear la Comisión para el Mejoramiento de los Derechos de la Mujer, hoy Comisión para los Asuntos de la Mujer.

Durante este mismo momento histórico, las mujeres puertorriqueñas reclamaron y obtuvieron cambios en las disposiciones del Código Civil relativas a la familia, las cuales establecían y reflejaban nuestra posición subordinada en la sociedad.

Conviene un examen, a manera de resumen, de los cambios establecidos en el área del derecho de familia durante este periodo. Se aprobaron medidas enmendatorias del Código Civil para establecer la coadministración por ambos cónyuges de los bienes de la sociedad de gananciales.[15] Este estatuto equipara a la mujer, a nivel de la expresión jurídica, respecto del hombre en las relaciones económicas dentro del matrimonio. Antes de aprobarse esta enmienda al Código Civil, éste disponía que el hombre era el único administrador de los bienes de la familia. Se aprobaron medidas dirigidas a evitar el discrimen contra las mujeres en los procedimientos de divorcio o nulidad de matrimonio.[16] Se reconoció el derecho de ambos progenitores a la patria potestad de sus hijos. Antes de aprobarse la Ley Núm. 99 del 2 de junio de 1976, la patria potestad recaía únicamente sobre el padre y sólo en caso de muerte de éste o en casos excepcionales, sobre la madre. En virtud de la Ley Núm. 100 del 2 de junio de 1976 puede adjudicarse la custodia y patria potestad sobre

---

[15] Ley Núm. 51 de 21 de mayo de 1976.
[16] Ley 84 de 30 de mayo de 1976.

los hijos menores de edad después del divorcio a la madre o al padre, de acuerdo a los mejores intereses de los menores. De igual manera la Ley Núm. 83 de 30 de mayo de 1976 eliminó el discrimen por razón de género que establecía el Código Civil en la selección de las personas llamadas por ley a ser tutores de menores, locos y sordomudos, pues limitaba las ocasiones en que una mujer podía ser nombrada tutora y establecía el nombramiento de un hombre preferencialmente. En 1976 se aprobó una enmienda al Artículo 154 del Código Civil a los fines de disponer que la patria potestad de los hijos no emancipados corresponde a ambos progenitores por igual; hasta entonces el Código Civil atribuía tal poder sólo al padre. En 1980 se autorizó a cualquiera de los padres, en caso de tratamiento médico y operación de emergencia de una hija o hijo, a otorgar el consentimiento correspondiente.

Durante la revisión de 1976 de las normas relativas a la familia se eliminó la institución de la dote, todavía vigente en nuestro ordenamiento jurídico a mediados de la década del 1970. Otra disposición arcaica derogada fue la que exigía a la mujer obedecer y seguir al marido donde quiera que éste fijara su residencia. La Ley Núm. 11 del 2 de junio de 1976 dispuso que los cónyuges decidirán de común acuerdo dónde establecerán su domicilio y su residencia. Fue eliminado también el requisito de los trescientos un (301) días que tenía que esperar la mujer viuda o divorciada antes de contraer un nuevo matrimonio. Asimismo, se estableció la responsabilidad recíproca por parte de los cónyuges de protegerse y satisfacer sus necesidades respectivas; se clarificó que el deber de proveer una pensión alimenticia para el cónyuge demente es obligación de ambos cónyuges.[17] En torno al divorcio se dispuso mediante la aprobación de la Ley 101 del 2 de junio de 1976 que la causal de separación será una de naturaleza no culposa, no se considerará a ninguno de los cónyuges culpable o inocente. Otro cambio importante fue la aprobación de

---

[17] Véanse Ley Núm. 109 de 2 de junio de 1976 y Ley Núm. 93 de 30 de mayo de 1976, respectivamente.

la Ley 119 de 2 de junio de 1976, que autoriza a las mujeres casadas a contratar. Hasta la aprobación de esta disposición de ley, las mujeres casadas se incluían entre las personas que no podían prestar su consentimiento para contratar; la disposición enmendada equiparaba a las mujeres casadas con las otras personas impedidas de contratar: los menores de edad, los locos, los sordomudos y los analfabetos.

El 30 de diciembre de 1986 se aprobó la Ley Núm. 5, Ley de Sustento de Menores, que establece un procedimiento rápido que facilitaría el proceso para establecer las reclamaciones de alimentos. En 1987 se aprobó la Ley Núm. 4 de 5 de marzo, para enmendar la disposición del Código Civil que establecía un discrimen contra la mujer en los matrimonios celebrados en el extranjero cuando uno de los cónyuges fuere puertorriqueño. La disposición del Código Civil establecía que si se trataba de una mujer el matrimonio se regiría por el derecho del país extranjero, pero si se trataba de un hombre el matrimonio se regiría por el ordenamiento jurídico de Puerto Rico.

También se han aprobado normas relativas a la maternidad. En años recientes se amplió mediante legislación la compensación a las madres obreras durante el periodo de descanso por maternidad. La Ley de Madres Obreras de 1942, *supra,* permitía una compensación de hasta un 50% del salario de la madre obrera; la disposición enmendatoria permite que la obrera reciba hasta un máximo de 75% de su salario con cargo por la diferencia entre la compensación que paga el patrono y dicho 75% al Fondo de Beneficios por Incapacidad No Ocupacional. Esta Ley dispone además que los patronos no deberán discriminar contra una obrera embarazada. También dispone que las obreras en estado de embarazo que laboran en la empresa privada tendrán derecho a un descanso de cuatro semanas antes del parto y cuatro después del mismo. A opción de la obrera ésta podrá acogerse a un periodo de descanso de una semana antes del alumbramiento y siete semanas de descanso post-natal. Mediante Orden Ejecutiva del 1979, se concedió a las mujeres que trabajan en el empleo público cubierto por la Ley de Personal, compensación por la totalidad de su salario durante las ocho semanas de descanso por maternidad.

En 1985, la Legislatura aprobó una medida para permitir inscribir a los niños recién nacidos con los dos apellidos del padre o de la madre; esto facilita la inscripción de los hijos y las hijas de las madres solteras.

El Tribunal Supremo también ha generado cambios importantes en las normas que afectan nuestros derechos. Para 1976 se estableció que la mujer es parte interesada en toda acción civil que afecte la sociedad de gananciales con pleno derecho a ser oída;[18] en 1977,[19] se resolvió que debe requerirse el consentimiento escrito de ambos cónyuges para la venta así como para la compra de bienes inmuebles de la sociedad legal de gananciales; este requisito se ha extendido también a transacciones sobre bienes muebles de la sociedad de gananciales.

Uno de los problemas más graves que confrontamos las mujeres en Puerto Rico es el de la violencia física y emocional, individual e institucionalizada. Este problema se manifiesta en agresiones sexuales, agresiones físicas, hostigamiento sexual y en la explotación de nuestros cuerpos e imagen a través de los medios de comunicación. Falta mucho por lograr en nuestros reclamos por erradicar la violencia de nuestra sociedad. En respuesta a esos reclamos el Estado ha tomado algunas medidas de carácter remediativo. Mediante la Resolución Conjunta Núm. 2471, del 2 de junio de 1976, se dispuso la creación del Centro de Ayuda a las Víctimas de Violación. Este Centro provee servicios de ayuda y consejería a las víctimas de agresiones sexuales. En 1979, se limitó, en casos de violación, la admisión de evidencia sobre la historia sexual de la perjudicada y se autorizó la celebración de vistas privadas en algunas circunstancias en los casos de agresiones sexuales (véase la Ley Núm. 6 de 1ro de febrero de 1979).

---

[18] Véase *Dershowitz* v. *Registrador*, 105 D.P.R. 267.
[19] Véase *Aguilú* v. *Sociedad de Gananciales*, 106 D.P.R. 652.

Para el 1980, el Tribunal Supremo declaró inconstitucional en el caso *Comisión Asuntos de la Mujer* v. *Secretario de Justicia*, 109 D.P.R. 75, la Regla 154 de las de Procedimiento Criminal, que requería la corroboración del testimonio de la perjudicada en un proceso por el delito de violación o tentativa de cometerla, cuando de la prueba surjía la existencia de relación amistosa, amorosa o íntima de ésta con el acusado. Ese mismo año, en el caso *Pueblo* v. *Duarte Mendoza*, 109 D.P.R. 599, el Tribunal amplió el derecho de las mujeres a optar por un aborto. Señaló el Tribunal que el derecho a la intimidad reconoce a las mujeres la decisión de terminar un embarazo y que éste es un derecho fundamental protegido por la Constitución de Estados Unidos y por la Constitución de Puerto Rico.

A pesar de estos cambios en la norma jurídica encontramos que las estructuras jurídicas todavía apoyan relaciones de dominación masculina y subordinación femenina. Las mujeres aún reclamamos cambios en los códigos con la esperanza de que dichos cambios se traduzcan en una nueva experiencia colectiva e individual.

Un área que ha recibido atención especial durante la presente década es la del hostigamiento sexual en el empleo. A pesar de que en Puerto Rico contamos con varias disposiciones constitucionales y estatutarias, locales y federales,[20] al amparo de las cuales podemos reclamar por actos constitutivos de hostigamiento sexual en el empleo, desde el 1985 se viene discutiendo un controversial proyecto de ley,[21] dirigido a prohibir el hostigamiento sexual en el empleo e imponer responsabilidades por la comisión de actos constitutivos de hostigamiento sexual. Este proyecto fue endosado por varias organizaciones feministas del país y por grupos de trabajadores; el mismo fue aprobado por el Senado de Puerto Rico. Sin

---

[20] Ley 100 de 30 de junio de 1959, según enmendada; Ley 69 de junio de 1985; Artículo II, Secciones 1 y 7 de la Constitución del Estado Libre Asociado de Puerto Rico; Título VII y Título IX de la Ley Federal de Derechos Civiles.

[21] Véase el P. del S. Núm. 183 de 1985, presentado por la Senadora Velda González.

embargo, fue detenido en la Cámara de Representantes donde encontró la oposición de la Asociación de Industriales de Puerto Rico y de varios representantes. La oposición se centra en las cláusulas del Proyecto dirigidas a adjudicar responsabilidad a los patronos por los actos de hostigamiento sexual. Otra vez nos confrontamos las mujeres con que cuando nuestros reclamos implican adjudicar responsabilidades a los que detentan el poder económico, los obstáculos parecen infranqueables.

Ante situaciones como ésta, ¿debemos continuar las mujeres reclamando cambios en la norma jurídica como instrumento de lucha contra nuestra opresión? ¿Debemos limitar nuestro radio de acción a esos reclamos?

Toda vez que hemos dejado establecido que el derecho es uno de los mecanismos utilizados para mantener nuestra posición de subordinación en la sociedad, es necesario combatir también en esa arena para lograr la revolución en la conciencia social necesaria para erradicar los patrones de conducta y las actitudes que fomentan nuestra marginación en el proceso social.

Nuestra experiencia cotidiana nos ha permitido recoger algunos apuntes sobre los asuntos para los que con mayor frecuencia las mujeres reclamamos atención a la norma jurídica.

Los planteamientos más frecuentes giran en torno a aspectos del trabajo, las relaciones de familia, los beneficios públicos, los derechos reproductivos, la posición de las mujeres ante el sistema de justicia, y la mujer como víctima de violencia individual e institucionalizada.

En la esfera del trabajo asalariado las mujeres reclamamos medidas dirigidas a mejorar las condiciones en el centro de trabajo y la doble jornada de trabajo que tanto afecta nuestra vida personal. Reclamamos que se responsabilice a los patronos públicos y privados de proveer centros de cuidado de niños. Reclamamos medidas dirigidas a establecer el derecho a tomar tiempo para la lactancia dentro de las horas de trabajo, a establecer la licencia por paternidad, a proveer licencia por maternidad con compensación completa para todas las trabajadoras, licencia para llevar los niños y niñas al médico, para asistir a las reuniones escolares, medidas dirigidas a instituir horarios de trabajo flexibles o escalonados, a establecer que los horarios de las escuelas sean iguales a los de los centros de trabajo, a que las escuelas provean alternativas de servicios educativos y recreativos a los niños y niñas mientras sus padres trabajan y garantizar un salario mínimo y beneficios de seguro social a las trabajadoras del servicio doméstico y compensación a las amas de casa.

En cuanto a las relaciones de familia, los planteamientos que se repiten con mayor frecuencia son los dirigidos a facilitar y agilizar el trámite de divorcio; medidas para obtener las pensiones alimenticias y facilitar el cobro de las mismas; clarificar las normas que inciden en las adjudicaciones de custodia, patria potestad y tutelas; y medidas dirigidas a atender los incidentes de violencia doméstica. En torno a la violencia doméstica —violencia que ocurre en el seno del hogar entre la pareja— se reclaman alternativas de tratamiento y consejería para la familia que sufre este problema, una mayor sensibilidad por parte de los oficiales del Estado hacia los diversos aspectos del mismo, una respuesta adecuada a los reclamos de protección que plantean las mujeres maltratadas al Estado y la tipificación del maltrato conyugal como delito.

Ante la realidad abrumadora de una crisis económica que afecta en mayor grado a las familias en las que la mujer es jefe de familia, se agudizan las necesidades de vivienda pública, beneficios sociales para la alimentación, servicios educativos y servicios legales para las mujeres.

Por otro lado, el control sobre nuestro cuerpo y nuestros derechos reproductivos ha sido uno de los mecanismos utilizados por el sistema para mantener la subordinación de las mujeres. Recordemos las campañas para la esterilización masiva de nuestras mujeres, cuyos efectos aún sufrimos; el uso de las puertorriqueñas como conejillos de indias en la experimentación con métodos anticonceptivos y, recientemente, las denuncias sobre el alto número de cesáreas que se efectúan en nuestro país. El derecho ha desempeñado un papel decisivo en esta área. Por esta razón, las mujeres reclamamos el reconocimiento claro del derecho a optar por un aborto y a tener acceso a métodos anticonceptivos seguros, así como a que se reglamenten las prácticas de las instituciones que brindan este tipo de servicio.

Un aspecto que ha recibido atención recientemente son los problemas que confronta la mujer que acude a las agencias de justicia. Encontramos que éstas son un reflejo de la situación que confrontamos en la sociedad, que reproducen los mitos, patrones y actitudes estereotipados sobre las mujeres y que muchas veces las mujeres que acuden por ayuda al sistema de justicia terminan sintiéndose cuestionadas y acusadas. Esta situación es muy frecuente en procesos por delitos de agresiones sexuales, procesos relacionados con incidentes de violencia doméstica y también se observa en los pleitos sobre relaciones de familia. Los reclamos en esta área incluyen medidas que garanticen confidencialidad a la perjudicada, asistencia y apoyo durante el proceso, y atención a su situación particular sin recurrir a estereotipos o mitos sobre las mujeres, entre otras.

Como señaláramos anteriormente, ésta no es una lista exhaustiva sino una que recoge a grandes rasgos la agenda de trabajo en torno a las normas jurídicas que nos planteamos las mujeres al momento presente.

Hemos mencionado una segunda vertiente indispensable en el trabajo con el derecho como instrumento para el cambio social: la necesidad de generar la activación política de las mujeres. Esta segunda vertiente es realmente el elemento más importante del trabajo con la norma jurídica. Representa el potencial político de este trabajo y a la vez la oportunidad de que sea eficaz.

La lucha por el voto para la mujer Puerto Rico así lo confirma. Sin la activación política de las mujeres, organizadas como grupo independiente, no se hubiera logrado el voto para la mujer en la década del 30. Pero este proceso requiere también un esfuerzo organizativo de movilización política que active a las mujeres en el uso y reclamo eficaz de los derechos que se nos han reconocido, y en la demanda por los cambios necesarios en la norma vigente.

La activación colectiva de las mujeres es esencial para que el cambio en la norma jurídica se traduzca en cambio en la experiencia cotidiana. El hecho de que se apruebe un estatuto o se enmiende una norma jurídica a nuestro favor, no significa necesariamente que se nos garantizarán los derechos que consagra. La realidad nos demuestra que en muchas ocasiones los estatutos son letra muerta, no tienen vitalidad, no se traducen en cambios reales en la práctica. De aquí la necesidad de la movilización colectiva para ejercer presión sobre los grupos de poder para lograr cambios reales.

Las organizaciones y grupos de mujeres han desarrollado una infinidad de métodos para llegar a las mujeres y han hecho contribuciones significativas a la discusión pública sobre nuestra situación. Para seguir adelantando este trabajo, es necesario que analicemos los conflictos y controversias que enfrentan nuestras organizaciones. Uno de estos problemas surge de nuestra búsqueda por fórmulas de organización que no reproduzcan modelos jerarquizantes y formales. En algunos casos ésto nos lleva a evadir la asignación de tareas y responsabilidades o a la delegación de autoridad por temor a reproducir las estructuras de poder jerárquicas que combatimos. Por otro lado, ésto dificulta que nuestros grupos establezcan relaciones con organismos decisionales burocráticos y afecta nuestros esfuerzos para presionar por la adopción de políticas en el interés de las mujeres. El reto que enfrentamos es poder desarrollar maneras innovadoras para compartir responsabilidades que no refuercen o reproduzcan las relaciones de dominación existentes.

Las mujeres debemos establecer y comprometernos con una ética organizacional que rechace la búsqueda de poder personal. El movimiento feminista debe y puede demostrar por medio de la acción que es posible traer esa ética de trabajo al centro mismo de la vida pública.

Es importante apuntar, y no olvidar, que la igualdad entre los géneros no se alcanzará meramente mediante reclamos jurídicos. Ese nuevo estatuto que queremos las mujeres requiere un movimiento social y político para transformar estructuras sociales tales como la familia, la adjudicación de responsabilidades para el cuidado y desarrollo de los niños y niñas, la economía, el mercado de trabajo asalariado y la conciencia humana. Aunque los derechos obtenidos pueden ser herramientas e instrumentos útiles en nuestro trabajo por eliminar la subordinación de un género al otro, no debe sin embargo entenderse que son la única herramienta disponible ni tampoco la más importante o la más eficaz.

Uno de los bienes más preciados del movimiento feminista es la rica diversidad de nuestras experiencias y el hecho de que pocos movimientos contemporáneos cuentan con el potencial de masividad, la frescura de visión y el empuje para experimentar con nuevos métodos de acción con que cuenta el movimiento feminista.

Como bien proclamaran las mujeres reunidas en Nairobi durante la culminación de la Década de la Mujer en el verano de 1985: "ESTE ES EL MOMENTO PARA ESTABLECER NUESTRA VISION DEL MUNDO CON CLARIDAD, RIGOR Y PASION".

Angel, arpía, animal fiero y tierno:
Mujer, Sociedad y Literatura en Puerto Rico

María M. Solá

María Magdalena Solá es Catedrática en el Departamento de Estudios Hispánicos del Recinto de Mayagüez de la Universidad de Puerto Rico, donde ha enseñado diversos cursos de lengua y literatura hispanoamericana. Estudió en la Universidad de Harvard y en el Recinto de Río Piedras de la Universidad de Puerto Rico, donde obtuvo el grado doctoral en 1977. Ha publicado en varias revistas, entre éstas el Semanario *Claridad* y *Sin Nombre*. Su libro *Poesía y política en Pablo Neruda: análisis del Canto General* recibió un premio del Instituto de Literatura Puertorriqueña en 1980. Estuvo a cargo de la selección, la cronología biográfica y el estudio preliminar de *Julia de Burgos: Yo misma fui mi ruta*, una antología poética publicada por Ediciones Huracán en 1986.

En Puerto Rico se dice hoy mujer y literatura con naturalidad, al igual que es corriente considerar la aportación de la mujer a la política o al deporte. Ya son pocos los que cuestionan la validez o la pertinencia de observar a la mujer o adoptar su perspectiva en el estudio de la realidad. La situación contraria, es decir, la de contar casi exclusivamente con la gestión de los hombres, dio motivo por siglos a que ni siquiera se notara la presencia de las mujeres en los recuentos históricos más usuales. Evidentemente, en el quehacer humano la mujer no sólo siempre ha estado y ha trabajado, sino que ha hablado, asumiendo y manifestando su identidad específica. En el arte verbal, la mujer ha propuesto sus experiencias como sucesos humanos representativos o, sencillamente, interesantes.

Hacer arte, pues, escribir como mujer, es igual que escribir como varón o como oprimido, como puertorriqueño o como ente existencial. La literatura que atrae y conmueve se hace así, desde una persona que es él mismo o ella misma, pero que sabe ser a la vez como *otros* que pueden imaginar lo que sería vivir dentro de su piel y ver con sus ojos. Las mujeres de Puerto Rico llevamos siglos ganando la voz y el espacio para expresar nuestras vivencias... En la época de los areytos, antes y durante la conquista, según describe Gonzalo Fernández de Oviedo, las mujeres solían ser, o al menos podían ser, portavoces del colectivo: [se juntaban] "mucha compañía de hombres y mujeres y tomábanse de las manos mezclados, y guía uno, y dícenle que sea el 'tequina', esto es el maestro y éste ha de guiar, ora sea hombre, ora sea mujer y como él lo dice respóndele la multitud".[1]

Así pues, las mujeres de Puerto Rico han participado en la literatura, (puesto que el areyto no era otra cosa que literatura oral) desde que se recuerda la vida humana sobre este suelo. La desigualdad y las restricciones han limitado a las mujeres, en una forma u otra, en mayor o menor grado,

---

[1] Jalil Sued Badillo, *La mujer indígena y su sociedad* (Río Piedras, Antillana, 1979), pág. 14.

bajo las distintas culturas y sectores dominantes, pero jamás las han silenciado del todo. Lo que hasta ahora se ha investigado acerca de la literatura de transmisión oral no permite unas conclusiones y quizá ni siquiera unas hipótesis sobre la aportación de la mujer a ese importante quehacer cultural. Sin embargo, se sabe que la literatura oral ha existido a través de los tiempos, no sólo en las culturas autóctonas de América, sino en las que trajeron consigo los conquistadores españoles y también los africanos que fueron secuestrados y asentados en las Antillas para producir riquezas que nunca disfrutaron. La costumbre tan difundida de cantar y contar a viva voz no se ha perdido; aún después de haberse alfabetizado grandes sectores del pueblo, se cultiva y se transmite la vertiente oral del arte de la palabra. Sigue siendo, a pesar de esto, una práctica poco reconocida y menos estudiada, por lo cual la definición de literatura suele referirse a sus manifestaciones escritas, que casi siempre responden, por razones obvias, a las minorías privilegiadas.

Pero la literatura escrita revela muchísimo cuando se desea estudiar a un grupo humano, aunque no sea representativa de la visión de mundo de las mayorías. Un texto, un mensaje escrito tiene que pasar por muchas fases para llegar a ser una obra literaria, es decir, un artefacto cultural que circula y que se comunica dentro de una sociedad. Un texto literario, entonces, lleva inscritas, para quien logre descifrarlas, una pluralidad de situaciones y condiciones relacionadas con la comunidad donde ha surgido y subsiste. Hay tres aspectos básicos que sirven como punto de partida: el proceso de creación o construcción de la obra, la obra como tal, o sea, el conjunto de signos que la forman y las reacciones que esa obra provoca en quienes la leen, a través de las distintas épocas. Este tercer aspecto es designado como el proceso de recepción o de lectura del texto literario.

Este esquema para analizar un texto literario dentro de su cultura permite darse cuenta claramente de que una obra de arte verbal es mucho más que la expresión personal de un artista. La complejidad que conlleva un sistema de literatura escrita hace más atrayente su estudio y le confiere particular interés a la observación del papel de la mujer en ese proceso. En Puerto Rico hubo mujeres que lograron insertarse en el estrecho mundo de las letras que fue surgiendo trabajosamente luego de introducirse la imprenta y la prensa periódica en 1806. La literatura escrita es un espacio mucho más cerrado que la literatura oral, que es una actividad y una práctica, antes que un objeto tangible. Para producir una obra es necesario haberse apropiado de un lenguaje especial, haber entendido y aprendido a utilizar unos convencionalismos, aún más allá del alfabeto y de la misma versión "culta" o prestigiosa de la lengua en que se va a escribir. Y luego hay que conseguir que el texto se imprima y se publique.

La literatura escrita es, pues, un código muy específico que evidentemente captó y llegó a manejar con soltura María Bibiana Benítez (1783-1873), por ejemplo. Nacida y criada en Puerto Rico, María Bibiana Benítez es uno de los primeros puertorriqueños en obtener una distinción literaria de carácter público, una especie de premio. El poema que alcanzó este lauro se conservó en un cuadro de honor a partir de 1832.[2] De ahí en adelante Bibiana siguió escribiendo y fue conocida como poeta hasta su vejez, aunque nunca publicó un libro, sino poemas sueltos en la prensa. Su sobrina Alejandrina Benítez (1819-1876) se las arregló para tener acceso no solamente al periódico, sino a la primera colección de poemas y narraciones que se hizo en Puerto Rico, el *Aguinaldo puertorriqueño*, libro que se imprimió en San Juan en 1843 y en cuya factura participaron nueve hombres y dos mujeres. Alejandrina Benítez vino a ser, años más tarde, madre de un hijo, José Gautier Benítez (1851-1880), que escribió versos desde muy joven y que se convirtió en el poeta más conocido de nuestro siglo XIX. No por casualidad, sino por haberse formado en esa familia, llegó a ser poeta José Gautier Bení-

---

[2] Josefina Rivera de Alvarez, *Literatura puertorriqueña: su proceso en el tiempo* (Madrid, Partenón, 1983), pág. 116. La información histórico-literaria acerca de las demás escritoras también se toma de esta valiosa fuente.

tez, puesto que, efectivamente, ser escritor es asunto de entrar en un juego sociocultural, en una actividad que se aprenda estando cerca de quien lo ha practicado. El hijo de Alejandrina Benítez heredó su don poético, seguramente más por medio de su ambiente que de sus genes. Participó de una tradición literaria a través de las mujeres de su casa, dato curioso, si se considera que las escritoras Benítez, a pesar de pertenecer a la élite, habían padecido, aunque en menor grado que la mayoría, la falta de oportunidades educativas y de estímulo y modelos que pesaba sobre todas las mujeres de la época.

El mundo literario era, en efecto, un predio masculino en el que sólo por excepción penetraba alguna mujer. Entre los fundadores de la literatura escrita en Puerto Rico, no obstante ello, figuran algunas escritoras, señaladamente María Bibiana y Alejandrina Benítez y como precursora en el género teatral, Carmen Hernández de Araujo (1832-1877). Durante la segunda mitad del siglo XIX son siempre pocas las escritoras que sientan plaza en el "parnaso", pero hacen sentir su voz y van abriendo camino. Lola Rodríguez de Tió (1843-1924) es ciertamente un buen ejemplo, puesto que su nombre y sus títulos literarios no pueden faltar dentro del canon, entre los que han sido "consagrados" por los historiadores de las letras de Puerto Rico. Que una mujer escribiera y aspirara a emular con los autores famosos no era, pues, ni de esperarse ni de fomentarse, pero, por otro lado, y desde los inicios, tampoco se consideraba sorprendente ni censurable.

La mujer se hizo notar dentro del sistema literario puertorriqueño desde el principio y no sólo como escritora, sino también como tema literario. La llamada "cuestión femenina" constituyó una de las preocupaciones salientes de Alejandro Tapia y Rivera (1826-1882), justamente designado como el escritor más completo de esta etapa fundadora, por la variedad de proyectos que emprendió y por su persistente labor de difusión y estímulo de la actividad literaria. Si bien es cierto que el feminismo de Tapia, a la luz de la totalidad de sus escritos y desde la distancia de más de un siglo, puede parecer inconsistente, no cabe duda de que algunos de sus textos son documentos feministas de avanzada dentro de la literatura hispanoamericana, señaladamente su narración-ensayo *Póstumo el envirginiado*, escrito en 1822. Mucho antes, en 1862, había formulado Tapia su posición con respecto a la capacidad intelectual de la mujer:

> En vano la falsa galantería se viste con la exterioridad de un servil afecto... en vano sonríe burlescamente al contemplarla en lucha con su ignorancia, suponiéndola nacida para sólo reinar por la galantería y la hermosura, en vano pretende arredrar con el desdén a la que, como él nació inteligente, y que como tal, intenta quebrantar a la barrera de las preocupaciones para ilustrarse y pensar y rivalizar con el hombre en el notable palenque de la ciencia y los derechos.[3]

Este manifiesto, relativamente temprano dentro de su obra, subraya el proyecto feminista de Tapia, su compromiso de plantear continuamente su crítica a la teoría de la "especialidad" o "peculiaridad" (eufemismo para inferioridad) de las dotes femeninas y su repudio a la práctica de relegarla socialmente y de subordinarla al hombre. En este momento temprano, se inicia el debate que no ha tenido hasta hoy fin en la literatura puertorriqueña y que obedece sin duda a las relaciones sociales específicas que en la vida de Puerto Rico se dan, más que a un abstracto afán de comparar o de "importar" ideas. Será evidente a lo largo de nuestra tradición escrita la preocupación de autores de ambos sexos por el papel de la mujer en la sociedad. Además de escritoras, mujeres que activamente forjan ese corpus o conjunto de obras que se leen en Puerto Rico, hay en la narrativa múltiples personajes femeninos y en el ensayo un cuestionamiento reiterado de la función de la mujer en el ámbito colectivo.

Dicho de otro modo, el signo mujer es frecuentemente signo de discusión, es reformulado o reconstruido en muchos

---

[3] Alejandro Tapia y Rivera, *Cuentos y artículos varios* (Río Piedras, Imprenta Venezuela, 1938), pág. 32.

textos literarios en distintos momentos de la historia cultural de Puerto Rico. Tal observación resulta interesante porque el texto literario constituye un espacio de lucha ideológica, una manifestación de los conflictos que se están dando en la conciencia del autor mientras construye su discurso literario. En la conciencia de un individuo dado, a su vez, repercuten múltiples elementos en pugna, desde la ideología de su sector de clase y de otros sectores hasta las experiencias individuales y colectivas que pueden haber provocado la duda y la crítica en torno a las "verdades" transmitidas por la cultura. Es decir, que en la sociedad puertorriqueña, en sus relaciones de producción, debe haber circunstancias específicas que motiven la insatisfacción con la forma de ser y de entender la mujer que se "acepta" comúnmente.

Nótese que esa inquietud crítica, seguramente minoritaria, no puede, sin embargo, considerarse esporádica o aislada. Ningún autor escribe sin tener en mente a algún lector, uno o varios, que pudieran al menos entender su mensaje, aunque no estén predispuestos en favor de éste. Se deduce entonces, de esa presencia y cuestionamiento frecuente del signo mujer dentro de los textos literarios, que el feminismo y el antifeminismo también llamaban la atención de los admitidamente escasos lectores y, por supuesto, lectoras, para quienes han venido escribiendo los puertorriqueños que eligen la comunicación por medio del código literario. Ni Tapia ni Lola Tió, ni Canales ni Luisa Capetillo se *inventaron* su problematización de la mujer y tampoco pueden haberla sacado exclusivamente de los libros. No se debe subestimar la influencia de las ideas propagadas a través de las lecturas foráneas, pero tampoco se les puede achacar la difusión de una actitud vital y mucho menos el inicio de una tradición literaria.

¿Será tradición el vocablo apto para designar esa patente y persistente relevancia de la mujer, en cuanto persona y en cuanto signo cultural, dentro del sistema literario de Puerto Rico? Recortando un poco la definición de la Academia, tradición queda como "transmisión hecha de padres a hijos al correr de los tiempos y sucederse de las generaciones"... Si desde antes de *La Cuarterona*, ese ambiguo drama que produjo Tapia en 1867, hasta después de *Vírgenes y mártires*, el *best seller* de 1981, escrito por Carmen Lugo Filippi y Ana Lydia Vega, en los textos literarios de Puerto Rico se reitera la propuesta de cambios en la situación y la percepción social de la mujer, así como también la vehemente oposición a esos cambios, ¿qué otro nombre le cabe? Tradición, tradición de combatir o subvertir otra tradición, discusión que se convierte en costumbre que reta a la costumbre, la cuestión femenina ha ido ganando cantidad y calidad en el ámbito del discurso literario en Puerto Rico.

De ello puede deducirse un público lector vivamente interesado en el asunto mujer, puesto que los autores no le hablan a una abstracción, sino que dirigen un texto a unas personas que de alguna manera han conocido o imaginado. Por lo tanto, abordan asuntos que presumen pertinentes y aún importantes para esos lectores implícitos. No es arriesgado suponer, entonces, que un número, aunque quizá reducido, pero significativo, de lectoras haya sido un factor en todo momento operante en la dinámica comunicativa de la literatura en Puerto Rico. Como escritoras, como personajes y como lectoras, las mujeres han obtenido y sostenido un puesto clave en el proceso de las letras en Puerto Rico. Este aspecto de nuestra cultura permite adivinar múltiples fascinantes vías de explicación, intuiciones e interrogantes que apenas pueden sugerirse en la extensión de un ensayo, pero que merecen decirse, por si pudieran abrirse y recorrerse de veras en el futuro.

El signo mujer dentro del código literario:
personajes de ficción, testimonios y opinión en Puerto Rico

Quien haya conocido a Marién, la angelical amada que cambia el rumbo del patriótico héroe en *La peregrinación de Bayoán*, novela publicada por Eugenio María de Hostos (1839-1902) en 1863, ¿habrá obtenido una descripción de la joven antillana del siglo XIX? Presenta Marién rasgos muy parecidos a los de Julia, la sufrida protagonista del drama *La cuarterona* (1867), de Tapia.[4] La diferencia está en que Marién es hija única de un próspero hacendado y Julia es una recogida mestiza, a quien ha criado una orgullosa Condesa dizque "como una hija", aunque a cambio le exige el más total servilismo. La prosperidad que disfrutan tanto Marién como Julia les descalifica quizá para representar a la puertorriqueña de su época. ¿Podría ser más típica Silvina, la más patética entre la masa de pálidos que pintó Manuel Zeno Gandía (1855-1930) en *La Charca* (1894)?[5] Si se lee sin pensar mucho, como hacen tantos lectores, se acepta sin cuestionamiento cuanto tipo, arquetipo y estereotipo aparece en la trama.

Pero si se quiere conocer la sociedad a través del texto, hay que estar avisado de que la literatura no es, ni con mucho, fiel retrato del mundo. Un texto literario, ya se ha dicho, recoge la compleja interacción que en la conciencia del autor se da entre los aspectos de la realidad que le son accesibles, a partir de variables tales como su clase, su medio cultural y sus experiencias particulares. Median también muy poderosamente en el proceso creativo los modelos que el autor ha adquirido en su manejo del código específicamente literario, o sea, en las obras que ha leído. Un texto literario, pues, está a menudo más relacionado con otros textos de ese mismo código que con la realidad en que vive el autor. Por eso son muy frecuentes las tangencias y cruzamientos con otras obras literarias y aún con otros aspectos de la cultura. Estas son las llamadas intertextualidades con códigos tales como el mito, las artes y con muchas otras manifestaciones.

Regresando a la puertorriqueña típica del siglo XIX y su reflejo en la literatura, es casi seguro entonces que, dada la estética de sus autores, Marién y Julia puedan parecerse más a

---

[4] Alejandro Tapia y Rivera, *Obras completas*, II (San Juan, Instituto de Cultura Puertorriqueña, 1968), pp. 671-772.

Eugenio María de Hostos, *La peregrinación de Bayoán* (San Juan, Instituto de Cultura Puertorriqueña, 1970).

[5] Manuel Zeno Gandía, *La charca* (Río Piedras, Edil, 1982).

las heroínas románticas de la literatura europea que a ninguna mujer real conocida por Hostos o por Tapia. Podría verse en estos personajes femeninos también al arquetipo mítico, el "anima" postulada por C.G. Jung o hasta la "donna angelicata" de estirpe neoplatónica.[6] Marién, por ejemplo, irradia pureza inmarcesible; es tan inocente que resulta inconcebible y aburrida para muchos lectores de hoy. Sin embargo, la mujer ángel sigue atrayendo bastante en la actualidad, puesto que aparece regularmente en el arte y en la subliteratura, sobre todo en los teledramas o "novelas".

Estas imágenes ya hechas, estos "tipos" son muy perdurables, son signos culturales transmitidos a través de los tiempos y aún a lo largo y ancho de las geografías, los sistemas de producción y las clases sociales, por razones ideológicas muy complejas. Conviene observar, en relación con los tipos, no sólo cuánto y cuándo se repiten, sino, sobre todo, cuánto y cómo se mueven dentro del texto, porque esos cambios pueden hacer más visibles los procesos ideológicos de la lucha de clases. Esa lucha no se limita al enfrentamiento directo de grupos y sectores; se lleva a cabo y se propaga por muchos medios y códigos, entre los que se incluye la literatura. El texto lleva inscritos los conflictos ideológicos que está captando y experimentando el autor mientras lo construye; en el texto confluyen muchos otros textos de distintos códigos.

En el estudio de la mujer dentro de la cultura, si meramente se describen los tipos o los tópicos culturales, el resultado dará siempre muestras de una ideología sexista, es decir, de una concepción de la mujer como ser destinado a la reproducción biológica y al cuido de los críos y los desvalidos y, por ende, excluida como grupo del poder y del cambio histórico. Es predecible que una obra producida en un contexto sexista incluirá signos limitantes y pondrá en juego los tipos que encasillan a la mujer dentro de las escasas posibilidades de realización que le permite la milenaria tradición

---

[6] Esther Harding, *Woman's Mysteries: Ancient and Modern* (New York, Harper Colophon Books, 1971).

patriarcal, que todavía opera en la semiótica transcultural de hoy. ¿Qué puede ser sino sexista, patriarcal o machista, aunque siempre en mayor o menor grado y en su manera peculiar, el arte que se genera dentro de esa tradición? Lo interesante no es colocarle a un texto o a varios el marbete de machista, sino observar cómo van alterándose algunos de esos signos, algunas actitudes que proyecta un texto o un conjunto o continuo de textos. ¿Por qué y en qué condiciones se inicia y prospera el reto cultural? ¿Cómo se va viendo aumentar la duda, hasta que alguien finalmente dice con claridad y certeza que no es así, que lo que "siempre" ha sido de un modo es o puede ser de otro?

Este proceso es lo que se destaca en la comparación entre Marién, el personaje de Hostos de 1863, muy cercano al tipo literario romántico de la mujer ángel, Julia en *La cuarterona* de 1867 y Silvina, la campesina de *La charca* de 1894. En todas estas obras se identifican enseguida los tipos, porque son los signos que da el código, pero los significados que ofrece la nueva codificación del autor es lo que más importa, porque es lo que va enriqueciendo y variando el signo mujer, no sólo en las letras, sino, en cierta medida, en la sociedad. Desde hace milenios y hasta hoy, aun en los medios electrónicos de la cultura que llega a millones de personas a la vez, aparece yuxtapuesta la angelical criatura con la malvada arpía, esa mujer terrible que busca imponer su voluntad, no importa los extremos a que tenga que recurrir.

Frente a la arpía, la damisela impecable ni siquiera se defiende, como sucede con Julia, la cuarterona, quien sacrifica totalmente su amor por Carlos, el hijo de la Condesa. Julia rehúsa casarse y huir con Carlos por lealtad a su protectora, pero la Condesa, por seguir siendo rica, no se detiene ni ante el daño a Julia ni ante la infelicidad de su hijo. Cuando Carlos insiste en enamorar a Julia, la Condesa recurre a la mentira más infame y le dice a su hijo que Julia es su hermana de padre. Así lo obliga a renunciar a su amor y a casarse con una heredera cuya dote los salvará de la ruina. El esclavo Jorge, sabio mentor en el drama, revela espectacularmente, en la última escena, quién es el verdadero padre de Julia, que resulta ser el padre de la novia de Carlos, el poderoso Don Críspulo. Mas no actúa a tiempo para salvar a Julia, quien, enloquecida de sufrimiento, ingiere, en su delirio, una dosis mortal de un medicamento. Esta pérdida terrible le da fuerzas a Carlos para rechazar indignado, por fin, la funesta manipulación de su madre. Mas Julia tiene que morir para que Carlos se libre de la Madre Arpía y para que se establezca su autonomía personal, aunque no la justicia, por lo menos, no para la pobre Julia.

La cuarterona es un arquetípico drama romántico que contiene sólo un rasgo perteneciente a la situación específica de las Antillas: la esclavitud y el prejuicio racial que ésta instaura a todo nivel, la falta de solidaridad que caracteriza a una sociedad que deriva su riqueza del trabajo hecho por personas reducidas a objetos de mercado. Ese rebajamiento de la dignidad humana está casi subyacente, aunque siempre latente, en *La cuarterona*. La pugna de Carlos por desenredar sus intrincados lazos anímicos, muy incestuosos por cierto, con las mujeres de su vida, tiene más relieve en la acción y opaca lo específico antillano, a pesar de que es la esclavitud la fuerza motriz de la intriga.

En efecto, es el sórdido abuso cotidiano de la esclava el resorte que mueve la acción. La mujer esclava es la más oprimida en una jerarquía de opresión casi universal; la madre de Julia nunca aparece ni se menciona en el drama. Sin embargo, existe Julia porque su madre tuvo que padecer lo que aparentemente era una práctica común. En el círculo hipócrita y puritano de los amos, una señorita hija de la casa rica es un ángel preciado, pero una esclava, o la hija de una esclava, es carne casual de lascivia para el amo y sus relacionados. El mal que corroe a Julia es el dolor de su bastardía y la previsión de su futuro. Su desubicación social y el conflicto de identidad que resulta podría verse como causa de su pobre autoestima y su impotencia síquica, si no fueran éstos rasgos típicos del "ángel de bondad". Así esbozó Tapia, sobre un tipo literario, todo un mundo que él critica y que deja apenas sugerido.

Probablemente Tapia rehuyó ahondar en el candente tema de la esclavitud por cautela ante la represión abierta y directa que se ejercitaba, con toda la autoridad de la ley, contra las críticas al régimen. Mas también influyó en el desenfoque la aceptación implícita del modelo literario. Tapia construyó su texto con más signos provenientes del código literario que de la semiótica de la cultura antillana. Es cierto que el enfrentamiento entre Julia y la Condesa por la voluntad de Carlos podría leerse como una alegoría sutil de la lucha entre los privilegios y el igualitarismo, en el plano sociopolítico. Aun así, sigue siendo más saliente entre los significados la dualidad ángel-arpía, ya que la fémina arquetípica nunca ilustra el equilibrio, sino los extremos, la bondad y el egoísmo.

En este caso, como en muchos otros, se trata de intertextualidades míticas y literarias en textos que no se hallan tan interrelacionados con los signos específicos de la cultura caribeña como otros. Así parece suceder con el personaje Silvina, aparentemente construida *en contraste* con los signos estereotipados de la cultura en cuanto a la niña o joven mujer. Los catorce años de Silvina nada tienen que ver con los de cualquier hija del privilegio o con algún tipo literario de damisela; es otra víctima rebajada al nivel de objeto de trueque. Así desafía Manuel Zeno Gandía tanto el estereotipo angelical del código literario como el silencio o el extremo eufemismo en cuanto a las realidades "inmorales" que era costumbre entre la "gente bien". Inevitablemente, sin embargo, el médico-escritor quebró unas directrices y unos modelos literarios y sociales bajo el estímulo de elementos análogos, aunque diferentes. Ese tipo de cruce y entrecruce de códigos y textos hace más fructífero el examen de sus personajes de *La charca*, en particular de la infortunada Silvina. Leandra, su madre, la ofrece como señuelo y premio a su concubino Galante, con el propósito de retenerlo como sostén material de su núcleo material. *La charca*, entre muchas otras cosas, quiere significar que la vida de la mujer entre los jornaleros agrícolas se convertía frecuentemente en un tráfico burdo, en que la mujer, a cambio de la subsistencia, prestaba servicios sexuales y domésticos. Esta circunstancia, nada desusada aún hoy, sigue resultando demasiado chocante para relatarla en ciertos círculos, aunque sea y haya sido lo corriente en la vida de millones de mujeres a través de los tiempos.

Silvina, Leandra y la vieja Marta, así como el resto de los personajes, están trabajados con cierto detalle porque la novela se construye según los modelos teóricos del realismo y el naturalismo, propulsores firmes ambos de la mímesis social específica. Es obvio, ya no en sentido mimético intencionado, sino en términos de clases, que se inscribe en *La charca* la inquina del hacendado contra el comerciante y contra toda avaricia monetaria. La moneda, el capital, no son el objeto de ambición del latifundista, sino las tierras y los trabajadores cuasi-esclavos. De ahí que Zeno Gandía le atribuya las peores cualidades a los comerciantes y prestamistas Galante y Andújar y extreme la nota de avaricia cruel y enajenada a la vieja Marta. Las actitudes clasistas del autor, hijo de hacendados, tienen tanta vigencia en este texto como la mediación de las prescripciones del código literario.

Si se observan los tipos literarios, es fácil reconocer el origen de Leandra y Silvina como personajes del binomio madre arpía-niña indefensa. Silvina, por supuesto, dista mucho del ángel y además es una víctima muy renuente, casi rebelde. Leandra es "malvada" como la Condesa, sólo que la urgencia material no permite que la venta del usufructo del cuerpo virgen de Silvina sea acompañada del rito matrimonial o de cualquier otro rito. No importa que la diferencia entre lo que necesita Leandra y lo que exige la Condesa sea tan enorme, el personaje Leandra recibe todo el peso de la censura, porque el signo Madre Amante no admite la menor ambición, exige el sacrificio total... Por eso resulta tan difícil de alcanzar, aún en la literatura, ese signo-modelo de Madre y aparece unido a su contraparte, la Madre Terrible y Arpía, muy a menudo.

El caso de Silvina es más notable que el de Leandra, porque Zeno Gandía le construyó a la joven una conciencia en alguna medida crítica. Le confiere, además, tal avidez de realización (pues es ésa la raíz de su vaga insatisfacción continua) que ni siquiera la epilepsia grave que Zeno también le depara logra sofocar su sensibilidad. ¿Observación directa? ¿Paternalismo señorial? Son muy difíciles las respuestas... Lo único evidente es que este texto se ha apartado bastante del arquetipo y que se observa en Zeno Gandía una voluntad de así hacerlo, de manipular los signos dados por el código con autonomía.

Según entra y avanza el siglo XX, la acción de la vida económica y la lucha de clases se manifiesta aún más claramente en los significados literarios que se generan a partir de la mujer. El desasosiego que había caracterizado los últimos años del siglo XIX dio paso a notables cambios políticos y sociales causados por la invasión y ocupación de Estados Unidos en 1898. Las luchas sociales se hicieron más agudas y complejas debido a múltiples factores. Entre los más influyentes estuvo la expropiación y expoliación masiva de tierras por parte de las corporaciones norteamericanas azucareras y el correspondiente aumento del proletariado rural. No menos importantes fueron los esfuerzos por trasladar a la vida puertorriqueña algunas instituciones características de la etapa de desarrollo económico alcanzada por la sociedad norteamericana, tales como las agencias de salud e instrucción pública y, en menor medida, y en forma mucho más problemática, cierta apertura a la libertad de prensa y a la organización de grupos obreros.[7]

En medio de esta dinámica situación, surge toda una prensa y una literatura obrera que aún está por recopilarse y estudiarse detenidamente y con la deseable amplitud. Sin embargo, de lo que se ha recogido es evidente que dichos textos ventilan con regularidad la "cuestión femenina".[8] El

---

[7] Hay una nutrida bibliografía historiográfica que fundamenta las generalizaciones anteriores. Una síntesis muy útil se encuentra en el libro de Gervasio L. García y Angel G. Quintero Rivera, *Desafío y solidaridad: breve historia del movimiento obrero puertorriqueño* (Río Piedras, Huracán, 1982).

[8] Hay documentación acerca de estos debates en el libro de Yamila Azize, *La mujer en la lucha* (Río Piedras, Cultural, 1985).

reclamo de igualdad para la mujer, así como los ataques a éste, vuelven a aparecer con frecuencia en toda la prensa. La propaganda feminista del obrerismo organizado trae como secuela los llamados en favor del sufragio femenino y los esfuerzos organizados para conseguir el voto para las mujeres. Podrían mencionarse decenas de periodistas y ensayistas de distinta tendencia, mas sobresalen al respecto las voces adelantadas de Luisa Capetillo (1880-1922), activa representante del periodismo obrero y feminista y de Nemesio Canales (1878-1923), esforzado defensor de causas progresistas.

Luisa Capetillo fue fundadora y excepcional impulsora de las luchas obreras y de la mujer en Puerto Rico; en su momento se le consideraba oradora de vibrante energía. En sus escritos, captan la atención del lector actual diversos pasajes de una autenticidad que sobresale entre la retórica ya anticuada de esta etapa. El más insistente significado que se descubre en los textos de Capetillo es que estaba profundamente convencida de que la vida personal es inseparable de la vida política; no en balde se suele recordar más la personalidad y la biografía que la obra escrita de quien así se expresó:

> ...mi única intención, el móvil único que me ha impulsado a escribir, aparte del deleite que me proporciona, ha sido la verdad, señalar como inútiles ciertas costumbres arraigadas por la enseñanza religiosa convertida en una imposición tradicional; recordar que las leyes naturales deben obedecerse con preferencia a toda otra legislación y como consecuencia reformar el equivocado concepto que existe sobre la moral...[9]

También Nemesio Canales se distinguió por la honradez de su conciencia y de sus actos; fue portavoz del igualitarismo en los más amplios foros. En 1909, sirvió Canales como Delegado a la Cámara por el Partido Unionista, posición análoga a lo que es hoy un legislador. En ese año presentó Canales el Proyecto 39, que proponía, escuetamente y con gran naturalidad, implantar en Puerto Rico el equivalente

---

[9] Citado por Yamila Azize, *La mujer en la lucha*, pp. 86-87.

jurídico del *Equal Rights Amendment*, enmienda a la Constitución de Estados Unidos que fue derrotada, en los primeros años de la década de 1980, en muchos foros legislativos de los estados de la Unión. La iniciativa del extraordinario prosista de Jayuya también encontró aquí y entonces, en 1909, muy agria oposición por los representantes de todos los partidos, incluyendo el suyo propio. El airado ataque verbal del poeta y tribuno José de Diego (1866-1916) fue la punta de lanza para ridiculizar y vencer apabullantemente en la votación de la Cámara esa pieza legislativa verdaderamente radical. No hay que decir que realizó Canales un acto sumamente audaz para cualquier época histórica; aun en situaciones de avance revolucionario, puede resultar sorprendente, a pesar de la absoluta sencillez de su justicia, su proyecto "Para la emancipación legal de la mujer":

> Todo derecho, sea cualquiera su índole o naturaleza, concedido por las leyes en vigor en Puerto Rico a los ciudadanos varones y mayores de edad, se entenderá concedido también a las mujeres, y regulado en su ejercicio y aplicación en la misma forma y condiciones que si se tratara de hombres.[10]

Años más tarde y hasta su muerte, continuó Canales su prédica feminista, argumentando con gran intensidad desde la perspectiva masculina más avanzada, como antes que él lo habían hecho Tapia y Eugenio María de Hostos. Decía Canales, por ejemplo, en uno de sus celebrados *Paliques:*

> Porque es un ejército, es un ejército cada vez más nutrido y más intrépido el que lucha por la causa, por nuestra causa, por la causa de todos; que no es sólo la mujer la que se redime y se salva. Somos nosotros también, somos los hombres, los pobres hombres, ahítos de grosería, repletos de brutalidad, los que saldremos ganando cuando gane su hermosa victoria final el feminismo. ¿Qué mayor ganancia para nosotros que

---

[10] Citado por Servando Montaña Peláez, *Nemesio Canales: lenguaje y situación* (Río Piedras, Universidad de Puerto Rico, 1973), pág. 233.

dejar de ser amos, y como tales amos aborrecibles y traicionados sin remedio, para convertirnos en amigos, y camaradas y hermanos? Esos mismos que hacen a cada paso chistes pedestres a propósito de la falda-pantalón o de tal o cual nimio detalle o incidente de la labor feminista, ¿se han puesto alguna vez a pensar en la soledad siniestra en que vivimos los hombres por sobra de hijas, de esposas, de siervas, de aves de corral, o de flores mustias de invernáculo, y falta, ¡falta cruel, falta terrible!, de la mujer ennoblecida por un ambiente de libertad, que pueda y sepa entendernos, ayudarnos, distraernos, siendo nuestra amiga, nuestra camarada, nuestra hermana?

¡Bah! ¿qué entienden de estas cosas, de esas mieles divinas que destilan en el alma los consejos, o confidencias o consuelos de una amiga o de una hermana, los que no han sabido ver jamás en la mujer otra cosa que una bella y sumisa bestezuela cuya carne de raso es sólo un prosaico plato más en el menú de nuestra cotidiana existencia? ¿Qué entienden de ennoblecimiento de la humana personalidad por la lucha y la libertad, los que no sólo se espantan sino que se ufanan de su odioso y grotesco papel de amos condenados a estricta vigilancia, a perenne y despreciable espionaje, para que la pobre e ignorante bestezuela esclavizada —ya en nombre de este principio o del otro— no salga, no corra, con estrépito de escándalo o con sigilo de traición, fuera del corral donde vivió su idiota vida de ave doméstica, o del invernadero cruel en que a fuerza de encierro y de sombra consumió su color y su perfume?"[11]

Puede observarse, pues, que en las primeras décadas del siglo XX hubo una extensa y variada producción de textos periodísticos y ensayísticos en torno a la mujer.

Hay también personajes memorables en cuanto a la imagen de la mujer, incluso más allá de los géneros llamados de ficción, o sea, la narrativa y el teatro. Se trata de personajes construidos en la lírica, pertinente en el panorama del signo literario mujer. Luis Lloréns Torres (1876-1944), poeta muy connotado en las primeras décadas del siglo, logra gran

[11] Nemesio Canales, *Paliques* (San Juan, Isla, 1967), pág. 133.

difusión de algunos de sus textos, hechos a partir de un discurso jíbaro estilizado. Son las décimas y puntos cubanos que aún se repiten y que dibujan con gran síntesis situaciones y personajes. Un hablante lírico evidentemente masculino y privilegiado dice el siguiente poema, titulado *Mi rancho*:

> En el cafetal, mi rancho,
> nido de pajas parece
> que a viento y lluvia se mece,
> cual si colgara de un gancho.
>
> Con la hija del viejo Pancho,
> las lluvias son placenteras;
> porque al caer las goteras,
> ella se acuesta conmigo
> y me echa encima el abrigo
> de su seno y sus caderas.[12]

Indudablemente, este personaje describe el ejercicio de una práctica común, residuo feudal que garantiza al terrateniente el uso de las mujeres de la familia de sus agregados y arrimados. A la mujer con quien copula no se le asigna siquiera nombre personal. No le rinde homenajes galantes ni usa circunloquios para aludir a su lujuria, caso contrario al de otro conocidísimo poema relativamente cercano en fecha, *Majestad negra*, del extraordinario escritor Luis Palés Matos (1899-1957). De *Majestad negra* basta recordar algunos versos:

> Culipandeando la Reina avanza
> y de su inmensa grupa resbalan
> meneos cachondos que el gongo cuaja
> en ríos de azúcar y de melaza.
> Prieto trapiche de sensual zafra,
> al caderamen, masa con masa,
> exprime ritmos, suda que sangra,
> y la molienda culmina en danza.[13]

---

[12] Luis Lloréns Torres, *Antología verso y prosa* (Río Piedras, Huracán, 1986), pág. 84.

[13] Luis Palés Matos, *Poesía completa y prosa selecta* (Caracas, Ayacucho, 1978), pág. 156.

Ambas féminas descritas en los poemas exhiben los rasgos inconfundibles del objeto erótico construido por la fantasía masculina, racista y machista. Por otro lado, a estas mujeres ficticias se les atribuye una sexualidad espontánea que, aparte de hacer las delicias imaginarias del varón que las lee, confirman el estereotipo racista acerca de la mayor avidez y potencia sexual de la hembra perteneciente a los sectores oprimidos. Estas no son ángeles ni arpías, sino nuevas versiones de la Venus mítica. Es índice de cambio, sin embargo, la delectación franca y el sentido lúdico con que se rodea el erotismo, actitud hasta poco antes tabú, en el código literario, dentro del contexto puertorriqueño.

La modernidad fue legitimando el erotismo abiertamente admitido como significado literario, debido a la mayor participación en la producción y en el trabajo asalariado de la mujer en los países europeos. También se plantearon nuevas formas de entender el erotismo por parte de la filosofía, de la psicología y del arte vanguardista en la etapa de entreguerras. Se ha visto cómo, en la sociedad criolla, algunos escritores se apropiaron de esos nuevos conceptos y los elaboraron en forma más acorde con su situación de privilegio de clase.

Resultan también diferentes y audaces en el medio social de Puerto Rico las hablantes poéticas construidas por ciertas escritoras como Clara Lair (1895-1973) y Julia de Burgos (1914-1953), para mencionar sólo a las más famosas. Un poema de amor de Clara Lair da un giro sorpresivo al tópico racista y machista de la utilización de la mujer "inferior" como complaciente y hasta entusiasta objeto sexual. *Pardo Adonis* trastoca los papeles comúnmente asumidos en esta sociedad. En la voz poética de una mujer blanca y de clase privilegiada, describe el encuentro erótico con un amante negro. Se transcribe sólo desde el verso 18 en adelante, de un total de 32:

> De mi guarda, la raza, fugitiva me escondo
> y un éxtasis mi alma a tu cuerpo le roba
> Extasis hondo
> de selva de caoba, de canela, de miel...

> De la uva exhausta de mis cinco sentidos exprimo
> en tu honor, Pardo Adonis, esta gota de vino...
> ¡Mi orgullo rancio en él te doy!
> Tú, que quisieras ser lo que yo soy
> ¿no adviertes de mi estrella el menoscabo?
> Tú, que fuiste mi esclavo:
> ¿no palpas la carcoma de mi raza?
> Tú... a quien yo quemé la piel y di mordaza
> ¿no gozas en el rictus de mi alma quebrándose,
> el espasmo salvaje de tu alma vengándose?[14]

La incisiva ironía y la obvia burla contra las ínfulas de superioridad de los "blancos" poderosos es el significado principal del poema. Sin embargo, el subtexto de poner "en boca de mujer" alusiones directas al placer de la cópula capta más la atención de muchos lectores. Se genera una situación equívoca que puede subvertir el significado de un poema semejante, debido a que las palabras provienen de un personaje femenino.

El propósito de presentar a una "mujer", a una hablante poética, emitiendo una declaración de que disfruta las relaciones sexuales, es afirmar el derecho de la mujer a expresar la integridad de su persona, a ser una persona corpórea y no un ente espiritual meramente. Debido a que la ética hispánica y católica condena la carnalidad en la mujer y percibe el cuerpo femenino como una fuente de pecado, se convierte en un reclamo audaz que una mujer haga alarde de su sensualidad. En este sentido, el erotismo en la poesía femenina se ha visto como una reivindicación de la libertad de la mujer, como una actitud igualitaria y feminista. Mas se pierde el signo demitificante o de reto cultural si este mensaje es recibido como una accesibilidad de la mujer a realizar con cualquier hombre un acto sexual de tipo incidental, ajeno a todo reconocimiento de la subjetividad personal de la mujer. Los que así leen ven el significado erótico como una expre-

---

[14] Clara Lair, *Obra poética* (San Juan, Instituto de Cultura Puertorriqueña, 1979), pp. 41-42.

sión de exceso libidinoso, de impulso "animal" en la voz
poética que lo emite. Aquí se entra de nuevo en el estereotipo
racista de la hembra primitiva, que no se reprime porque no
es capaz de prever las consecuencias y porque no tiene ningún prestigio social que conservar.

Se trata de una recepción totalmente equivocada y, sin
embargo, puede muy bien ser la causa de la "popularidad" de
este tipo de mensaje, tanto en la literatura como en otras
manifestaciones del arte, por ejemplo, en la canción de letra
amorosa. En esos casos, que podrían no ser pocos, el significado feminista queda desvirtuado, ya que, lejos de ser dignificante, se interpreta como rebajante, aunque pueda resultar
atractivo. Este fenómeno podría darse en cuanto a los poemas de amor de Julia de Burgos, debido a que la hablante
lírica de textos como *Río Grande de Loíza* y, más claramente,
de *Noche de amor en tres cantos* se proyecta como seductora y
se expresa en metáforas que no admiten duda en cuanto a la
naturaleza específicamente corporal erótica de sus actos y
sentimientos. Se cita la sección III del poema, desde la
segunda hasta la penúltima estrofa:

> ¡Cómo suena en mi alma la clara
> vibración pasional de mi amado,
> que se abrió todo en surcos inmensos
> donde anduve mi amor, de su brazo!
>
> La ternura de todos los surcos
> se ha quedado enredada en mis pasos,
> y los dulces instantes vividos
> siguen, tenues, en mi alma soñando...
>
> La emoción que brotó de su vida
> —que fue en mí manantial desbordado—
> ha tomado la ruta del alba
> y ahora vuela por todos los prados.
>
> Ya la noche se fue; queda el velo
> que al recuerdo se enlaza, apretado,
> y nos mira en estrellas dormidas
> desde el cielo en nosotros rondando...

> Ya la noche se fue; y a las nuevas
> emociones del alba se ha atado.
> Todo sabe a canciones y a frutas,
> y hay un niño de amor en mi mano.[15]

El uso del lenguaje figurado en este poema, por otro lado, le confiere un matiz eufemístico que hace más "aceptable" ese erotismo. Da la impresión de un gozo inmenso en la unión con el amado que no excluye el placer de los sentidos, pero que lo rebasa, lo complementa con otros logros comunicativos entre los amantes. Este discurso neorromántico referente al amor de una mujer constituye una especie de punto medio entre la invitación sexual y el amor descorporeizado del "ángel".

Los significados políticos, es decir, patrióticos, feministas e internacionalistas, de muchos poemas de Burgos están íntimamente ligados con los significados subjetivos e íntimos. Esta hablante poética es una persona que lucha, reta, se siente perpleja y hasta falla y retrocede, a la misma vez que ama con plenitud de mujer, sin ser ni casto ángel ni Venus de frenética lascivia. Logró Julia de Burgos construir los significados más afines a las aspiraciones de varias generaciones de puertorriqueños, hombres y mujeres, en una variedad de aspectos muy importantes de nuestra vida, como son la patria, el paisaje, la solidaridad y la mujer. En cuanto al amor, a pesar de los equívocos señalados, sus textos muestran ya legitimada la sexualidad femenina, aunque siempre dentro de una conceptualización neorromántica, dentro de una pareja "enamorada", o sea, comprometida a una relación estable y convencida de su unión en todos los planos. La amante que habla en sus versos no es meramente un elevado y generoso espíritu ni tampoco una hembra de ocasión.

El equilibrio integral de los significados amorosos que se da en la poesía de Julia de Burgos es una de las razones de su éxito. No debe descontarse, sin embargo, la representatividad

---

[15] Julia de Burgos, *Yo misma fui mi ruta: antología* (Río Piedras, Huracán, 1986), pág. 82.

de su persona, ya que es hoy percibida como hija del pueblo, como emigrante, como uno de los pocos escritores de las generaciones anteriores al 1930 que no pertenece a los privilegiados. Importante también es subrayar, una vez más, que, en el mundo literario de Puerto Rico hubo mujeres que se esforzaron por obtener carta de pertenencia desde 1832, de tal manera que, un siglo más tarde, no resultó imposible para Julia de Burgos ser proclamada gran poetisa por El Poeta de entonces, Luis Lloréns Torres. Y lo determinante, probablemente, en la gran fortuna literaria de Julia es el fuerte empuje de las mujeres puertorriqueñas, lectoras y escritoras, que la han redescubierto desde la década de 1960 en adelante y le han conferido el título que ella deseó: Poeta por antonomasia.

Lo que fue audaz cuando se publicaron entre 1936 y 1938 los primeros libros de Burgos se lee sin asombro y con aprobación a la altura de los años del '80. Inclusive han proliferado los versos con actitudes semejantes ante el erotismo femenino en la canción de difusión comercial, por ejemplo. La libertad humanamente plena que se reclama en *A Julia de Burgos* y se busca valientemente en *Yo misma fui mi ruta* sigue siendo una meta difícil. Sin embargo, se han dado cambios apreciables en el signo mujer en cuanto al hecho y el derecho de disfrute de su cuerpo y sus sentidos. Este cambio tiene, claro está, sus vertientes negativas, debido a que los textos que proponen a la mujer como sujeto que ansía una relación libre, como parte de su realización personal, pueden desvirtuarse. Muchos ven este significado como una ocasión para convertir a ese tipo de mujer en un objeto fácilmente utilizable para el placer del varón. El poder de esta especie de trama semiótica se despliega más obviamente en los medios de comunicación masiva, que han montado un negocio multimillonario a partir del cuerpo de la mujer seductora. Es decir, que el sexismo patriarcal perdura y hasta desarrolla nuevas variantes, a pesar de que la cultura y la historia no detienen su devenir.

En el siglo XX se acelera y aumenta el ingreso de un gran número de mujeres en el trabajo asalariado. Las asalariadas adquieren cierta movilidad y una autodeterminación económica muy relativa, pero el dislocamiento que estos cambios causan en la vida diaria es muy notable. La mayor cantidad de mujeres asalariadas se desempeñan en la pequeña industria y en el área de los servicios; por otro lado, aumenta apreciablemente el número que reciben educación superior y que se hacen maestras. Maestra fue Julia de Burgos y otra quiza hubiese sido su ruta si hubiese logrado continuar en esa profesión. En el magisterio también se forman una serie de intelectuales que dan a la investigación histórica y literaria un carácter más sistemático, comenzando en los treinta y sobre todo después de la Segunda Guerra Mundial.

Estudiosas de la historia y de la literatura como María Cadilla (1886-1951) y Loida Figueroa (n. 1917); Concha Meléndez (1895-1983) y Margot Arce (n. 1904) se destacan extraordinariamente en el quehacer erudito. Nilita Vientós Gastón (n. 1908) asume la dirigencia en cuanto a la discusión de altura y el estímulo de la vida cultural desde sus columnas periodísticas y en diversas instituciones. Además Nilita funda y dirige con tino y selectividad una de las revistas más prestigiosas y duraderas del mundo hispanoamericano, *Asomante-Sin Nombre*, que se publicó consistentemente desde 1945 hasta 1985. La acuciosa e inteligente tarea de recopilación y síntesis de la historia literaria que ha desplegado Josefina Rivera de Alvarez (n. 1924) representa una aportación insustituible a los estudios humanísticos en Puerto Rico.[16] Es imposible mencionar siquiera los nombres de las integrantes de varias generaciones de escritoras que han realizado una parte más que proporcional de la labor intelectual de investigación, creación y difusión de la cultura en nuestro país. No parece exagerado concluir que las mujeres puertorriqueñas han desplegado una actividad sobresaliente en éste, como en muchos otros aspectos de la vida colectiva. Esta participación ha contribuido marcadamente a

---

[16] Toda la información bibliográfica de las autoras citadas en esta brevísima referencia a la investigación y la crítica desde 1930 se ha tomado del libro de Josefina Rivera de Alvarez, citado en la nota 2.

proveer modelos de superación a las nuevas promociones de intelectuales, sobre todo a las mujeres.

No todos los desarrollos son, sin embargo, positivos en términos de la imagen de la mujer en la cultura puertorriqueña. En la narrativa y en el teatro se observa más claramente que en el ensayo la reacción ante la mujer que trabaja. Se siguen construyendo madres devotas y enamoradas etéreas y sufridas, pero después de la Segunda Guerra Mundial, los textos muestran que el conflicto ideológico en torno a la mujer ha calado hondo.

Permanecen los tipos literarios, como modelos y antimodelos, ahora enfrentados entre sí con más hostilidad y esgrimidos con mayor conciencia como armas en la lucha ideológica cultural. Esto se debe a que la puertorriqueñidad es comprendida por muchos como una categoría estática, identificada con el mundo agrícola de la hacienda señorial.

La mujer en su nuevo rol, más libre y más orientada hacia su realización individual, se percibe no sólo como amenaza a la familia, sino como una aberración antipatriótica y extranjerizante. Esa lectura de los cambios sociales alcanza su articulación más eficaz en los textos de René Marqués.

La Carreta, su obra más conocida, ha recorrido los escenarios de Puerto Rico desde 1951; proyecta poderosamente una figura central, la madre patriarcal.[17] Doña Gabriela no es una Bernarda Alba antillana; es mucho más cálida y persuasiva que dominante, pero no por eso deja de clamar por el regreso de la mujer al fundo familiar y a las cuatro paredes de su casa. Su hija Juanita tiene pocos rasgos amenazantes; no es aún irrevocable su identificación anímica con el mundo urbano industrial. Aún así, su traslado a ese ámbito se ve castigado: es ultrajada en La Perla y lleva una vida "vacía" en Nueva York. Ya en *Un niño azul para esa sombra* (1959), Marqués hace resurgir la Arpía, con toda su maldad arquetípica, ahora enfilada contra la naturaleza (pues destruye un árbol añoso para hacer construir una terraza y una barra en

---

[17] René Marqués, *La Carreta* (Río Piedras, Cultural, 1963).

su patio de urbanización) y también contra el niño y la maternidad; ya que abandona el cuidado de su hijo por andar en continuas frivolidades urbanas y de consumo conspicuo. La Madre-Arpía de este drama obviamente actúa en contra del heroísmo patriótico y da la espalda a la vocación de sacrificio en aras de la prédica nacionalista que guía a su marido.[18]

Este personaje, llamado Mercedes, es una construcción misógina sin atenuantes, originado en la versión que elabora Marqués de la identidad puertorriqueña. Para él, los caracteres "esenciales" del ser puertorriqueño se confunden con la defensa de los privilegios del patriarca, terrateniente y preferiblemente hacendado. Por eso arremete contra los cambios tan duramente experimentados y convertidos en superación por grandes sectores del pueblo, más puertorriqueños que los privilegiados que el autor ambiguamente admira.

Se puede hacer caricatura demasiado fácilmente con las diversas manifestaciones históricas y clasistas de los signos culturales. Mucha de la literatura más conocida de Puerto Rico y específicamente la de René Marqués (1914-1979), tan celebrada, se adhiere a la solemnidad ejemplarizante y por eso puede adscribirse a una tendencia muy minoritaria. Pero hay vertientes populares del arte que también se empeñan en afianzar la nostalgia agrícola patriarcal; un ejemplo de gran éxito es *Mi jaragual*, grabado en 1975 por Ismael Rivera. El hablante de esa canción tan difundida añora ser "dueño en mi jaragual, un cacique patriarcal" y repite "¡Qué inmenso, qué inmenso, ser el dueño de la finca y la mujer!". Son muchas, pues, y contrarias a menudo, las ideas sobre la mujer que se manejan en distintos sectores. El rejuego de conflictos se da en diversos códigos y registros y muestra puntos elevados, mesetas y curvas que pueden servir como índices hacia muchos hallazgos en torno a la comunicación cultural en Puerto Rico.

Rebasada la década de 1950, se han sucedido tiempos de activo y múltiple entrecruce de textos que incluyen la cons-

---

[18] René Marqués, *Un niño azul para esa sombra* (México, 1959).

trucción, deconstrucción y reconstrucción variadísima del signo mujer, en tonos muy distintos. Algunos personajes muy conocidos arrojan resultados interesantes y aún contrastantes, inclusive dentro de las obras de un mismo autor. La Antígona Pérez de Luis Rafael Sánchez (n. 1936), por ejemplo, está en la línea de Casandra de *La muerte no entrará en palacio* (1958) y de Mariana en *Mariana o el alba* (1965), heroínas de René Marqués.[19] Después de todo, el autor de *La Carreta*, a pesar de sus frecuentes exabruptos antifeministas, no era simplista en la construcción de sus textos y sabía captar la complejidad de la vida cultural de Puerto Rico. Sus heroínas, sin embargo, aunque fuertes y decididas, brillan por su defensa de la patria, sin entrar en conflicto con la subordinación de la mujer.

En *La pasión según Antígona Pérez* (1968), la protagonista muestra también esta actitud no-sectaria, significando la urgencia de que la mujer luche activamente por su pueblo, sin concederle prioridad a las reivindicaciones feministas.[20] La Antígona de Luis Rafael Sánchez es nacionalista y latinoamericanista y padece tortura y muerte con entereza, luego de combatir, hombro con hombro con los varones, contra la represión del Tirano criollo y contra el imperialismo. En la muy publicitada novela de 1976, *La guaracha del Macho Camacho*, Sánchez se despoja del tono épico para elaborar una colección de retratos de la peor fauna colonial puertorriqueña, seleccionados en corte transversal entre las clases sociales.[21] La factura carnavalesca, satírica, grotesca, hace objeto de mofa a los lumpen-burgueses y a los lumpen-oprimidos, a los hombres y a las mujeres. Es despiadada su caricatura dual de las fases castigables de la hembra, consumista, fatua, que concibe su cuerpo como una mercancía más y para colmo, es la mala madre de un hijo anormal. Esta

---

[19] René Marqués, *Mariana o el alba* (San Juan, Instituto de Cultura Puertorriqueña, 1966).
[20] Luis Rafael Sánchez, *La pasión según Antígona Pérez* (Hato Rey, Lugar, 1970).
[21] Luis Rafael Sánchez, *La guaracha del Macho Camacho* (Buenos Aires, Ediciones de la Flor, 1976).

arpía es denominada en el texto con dos apelativos igualmente burlones, La Madre y la China Hereje. Es más repugnante aún el cuadro familiar de lumpen-burgueses, el corrupto y melifluo Senador Vicente Reinosa, su esposa Graciela Alcántara, corazón y clítoris de piedra helada y el hijo de ambos, el adolescente estúpido y criminal cuyo único amor es un Ferrari. Aunque construye el tipo literario de la Arpía en dos nuevas manifestaciones, lumpenproletaria y lumpenburguesa, Sánchez muestra una agresividad que no discrimina en su repudio de hombres y mujeres.

Son coetáneas exactas de los esperpentos criollos de Luis Rafael Sánchez las desorbitadas protagonistas de *Papeles de Pandora* (1976), construidas también dentro de la carnavalización.[22] El discurso narrativo de Ferré, detonante en más de un sentido, es vehículo del más estridente de los manifiestos feministas que surgen al final de la década del 1970. Ya forman comparsa las escritoras feministas, quienes entran en los ochentas con paso fuerte y decididas a salir por dueñas en el ámbito del sistema literario puertorriqueño. Es evidente una vez más la diversificación de los discursos feministas y, por consecuencia, lo multívoco del signo mujer en los últimos tiempos de nuestra cultura.

En la lírica sigue dominando la voz autorreflexiva, no por serena menos retante; hay múltiples textos conscientizadores, entre los que da pena tener que nombrar sólo algunos. Tendrá que bastar la mención de *Proemas para despabilar cándidos* (1979) de Liliana Ramos Collado (n. 1954) y *La cicatriz a medias* (1982) de Vanessa Doz (n. 1952), valientes pugnas con los códigos para sacarles novedades.[23] Es pertinente también la magistral síntesis sesentista de Angela María Dávila, *Animal fiero y tierno* (1977).[24] Desde el punto

---

[22] Rosario Ferré, *Papeles de Pandora* (México, Joaquín Mortiz, 1976).
[23] Liliana Ramos Collado, *Proemas para despabilar cándidos* (Río Piedras, 1979).
Vanessa Droz, *La cicatriz a medias* (Río Piedras, 1983).
[24] Angela María Dávila. *Animal fiero y tierno* (Río Piedras, Huracán, 1977).

de vista del signo mujer, este texto lírico marca un hito semejante al que estableció en 1938 *Poema en veinte surcos,* de Julia de Burgos. Los significados de *Animal fiero y tierno* recogen lo más representativo de la puertorriqueñidad literaria y, siendo muy feministas, pueden igualmente pertenecer a los hombres de buena voluntad.

En los ochentas continúa el aumento desparramado de los textos y el dinamismo dialéctico del signo mujer muestra cada vez más la desacralización de los tópicos culturales, incluidos algunos de los tópicos del feminismo. *Vírgenes y mártires* fue el best-seller de 1981, una colección de cuentos de dos escritoras, Carmen Lugo Filippi y Ana Lydia Vega.[25] Mientras Lugo Filippi recoge en su construcción humorística de personajes y situaciones la perplejidad de la mujer, Vega vira al revés la seudoliberación individual y colectiva que algunos sectores femeninos han abrazado, en textos deliciosamente carnavalescos como *Pollito Chicken.* Este cuento de Vega, superficialmente o aparentemente machista, es, en realidad, una sátira del feminismo desviado. Entre las dos le meten las cabras al corral a los machos latinos en *Bolero para machos en pena,* pero también juegan muy burlonamente, y bien que lo hagan, con los desplantes solemnes y los lamentos tremendistas, aunque vengan de las mujeres, en otros cuentos.

El juego está abierto, cada vez más abierto. La literatura es más lúdica y más popular; el signo mujer dentro de la cultura, que siempre está más o menos en transición, se mueve al ritmo dialéctico de la vida del pueblo puertorriqueño, mientras que, dentro de la literatura se hace, a la vez que arquetípico y estereotípico, polimorfo y plurivalente.

Escritoras, escrituras y leyendas

En Puerto Rico las escritoras han sido sólo una minoría, aunque muy significativa, por razones obvias, dentro del

---

[25] Carmen Lugo Filippi y Ana Lydia Vega, *Vírgenes y mártires* (Río Piedras, Antillana, 1981).

reducido número de los que a duras penas han cultivado las letras. El artista de la palabra escrita tiene pocos alicientes cuando hay pocos lectores o, mejor formulado, cuando las condiciones son poco propicias para que se adquiera el hábito de leer y se respete y difunda el arte verbal escrito. Merecen atención especial dentro de la cultura quienes vencen los escollos y abren paso a nuevas formas e ideas. Sin duda las escritoras se cuentan entre éstos y vale la pena dilucidar el origen sociosicológico de la persistencia que las ha llevado, no sólo a escribir, sino muchas veces hasta a publicar sus textos. En verdad, y sobre todo en épocas pasadas, cualquier obra dada a la luz por una mujer tiene algo, a veces mucho, de reto o desafío.

Hubo escritoras en Puerto Rico desde que se inició la literatura; siempre dejaron sentir su presencia, aunque no siempre con la modesta humildad que los modales exigen de una dama, o de cualquier simple mujer. Inclusive han llegado a ser parte obligada de la historia cultural de Puerto Rico algunas escritoras, como Lola Rodríguez de Tió, Julia de Burgos y, en menor medida, Luisa Capetillo. Lo que de ellas resulta curioso es que se conocen más sus anécdotas biográficas que sus obras. Esto quizá puede decirse también de algunos autores, pero parece más frecuente entre las escritoras.

De Lola, por ejemplo, circula la historia, según alguna fuente no muy clara y nada inexpugnable, de que, cuando jovencita, se cortó el pelo para poder asistir vestida de hombre a nocturnas reuniones políticas. Perdura en la memoria de muchos su valentía al enfrentarse a un gobernante español, como hizo más de una vez en su gestión patriótica. Lola tuvo que ir forjándose como persona frente a su contorno social, al mismo tiempo que elaboraba sus pulcros versos, tan mayoritariamente convencionales; la fuerza de su conciencia se volcó quizá más en su vida que en su obra.

Caso parecido el de Luisa Capetillo. Pocos reconocen siquiera su nombre, pero quienes la han oído nombrar ofrecen casi siempre un dato aparentemente superficial: fue la primera en llevar pantalones en público. No es difícil explicar por qué tan audaz y potente *signo* del lenguaje corporal ha calado más hondo que sus ensayos y testimonios anarcosindicalistas. Luisa Capetillo reunió en su persona toda una etapa de elevación de la conciencia de los oprimidos y laboró directamente en las lides sociopolíticas, con su acción sindical, su palabra de viva voz y su periodismo de combate, que aún encuentra quienes le nieguen el nombre de literatura.

Llama la atención el carácter que imprimieron estas mujeres a su recuerdo, como si su energía vital se hubiese repartido entre la defensa de su identidad humana y personal y, sólo como parte quizá menos atendida de su tarea, la producción de textos literarios. Cabe preguntarse si este predominio de la personalidad sobre el oficio literario lo determinaron esas escritoras o si se debe a la percepción que de ellas tienen sus "lectores".

¿Habrá que ser leyenda para ser conocida como escritora en Puerto Rico? ¿O será que el hábito de concebir a la mujer sólo como ente individual impide que se distinga nítidamente entre la persona y las obras escritas por ella? Para entender el asunto habría que recurrir a la psicología de la comunicación y de la publicidad; va siendo cada vez más evidente que el tema mujer y literatura exige el amplio enfoque de la semiótica, la disciplina que estudia el conjunto de los signos de la cultura. La semiótica incluye la lengua y la literatura, pero va más allá de éstas. Solo un estudio amplísimo puede, por ejemplo, llegar al fondo del fenómeno Julia de Burgos.

¿Por qué, más de treinta años después de su anónima muerte, ha revivido Julia entre nosotros, pero trayendo no sólo sus versos, sino su rostro, su mirada entre dolida y seductora, entre solemne e ingenua? Julia escribió en versos su leyenda y dibujó en ellos su ruta de rebelde, de enamorada absoluta del amor, de la patria y de la poesía. En la intensidad de Julia, persona y poeta, encuentran sus claves, poderosa y desgarradamente ambiguas, muchas puertorriqueñas y puertorriqueños de hoy. De señales semejantes está lleno el ámbito del estudio de la mujer.

Lola, Luisa y Julia nos han descubierto los diversos y siempre intrincados caminos que transita el binomio mujer-literatura y, sin embargo, ni se han mencionado siquiera algunos de los aspectos más directamente pertenecientes al arte verbal. En lo específicamente literario, la sociolingüística y la estilística plantean la cuestión del habla femenina y el sociolecto femenino. Hay, según algunos exponentes de esas disciplinas, un manejo de la lengua que es peculiar a la mujer. Si ello se da en la dinámica de la comunicación oral, parece inevitable que se halle igualmente en el texto literario. ¿Puede reconocerse y describirse una escritura femenina, o sea, cuando es una mujer la que escribe, introduce giros lingüísticos diferentes a los de un hombre en parecidas circunstancias?

Aunque muchas veces se han descrito temas o significados presumiblemente peculiares de la escritora, pocos estudios críticos se mueven en el plano del lenguaje mismo, para identificar usos léxicos o morfosintácticos femeninos. Aun en los supuestos temas femeninos, verbigracia la maternidad o el erotismo y la sexualidad vistos por o desde la mujer, se omiten importantes delimitaciones. ¿Hasta dónde coincide la feminidad que proyecta la escritora en un texto literario con su experiencia más auténtica? ¿Cuánto hay de estereotipo cultural en la seductora hablante lírica de ciertos poemas de Clara Lair, o de Julia de Burgos?

Las preguntas proliferan: las respuestas están en proceso de elaboración por numerosas investigadoras e investigadores, los mismos que han puesto en vigencia, o "de moda", como dicen algunos con cierto matiz despectivo, el tema mujer y literatura. Aunque ciertamente pudo practicarse en forma sectaria, la vertiente femenina y feminista de la crítica responde a la ampliación de sus instrumentos teóricos y metodológicos.[26] Surge de una urgente necesidad de com-

---

[26] Mi exposición en este ensayo está orientada por una serie de libros y artículos de teoría literaria. Ante lo impráctico de consignar tal cantidad de títulos, opto por mencionar los más valiosos y sintéticos, en mi opinión.

prender, no ya a la mujer (con lo cual, por supuesto, quedaría plenamente justificada), sino a los complejos fenómenos de la cultura. Porque mujer es sencillamente una de las formas de decir ser humano.

Michele Barrett, *Women's Oppression Today* (London, Verso Editions, 1980).

Terry Eagleton, *Literary Theory: An Introduction* (Minneapolis, University of Minnesota Press, 1983).

Tres estereotipos de la mujer en la televisión

Magali García Ramis

Magali García Ramis es escritora y profesora universitaria. Ha trabajado como periodista en varios periódicos y revistas del país, y como redactora en la Comisión Pro Mejoramiento de la Mujer. En la actualidad enseña cursos de Periodismo y de Cultura Popular y Comunicación en la Escuela de Comunicación Pública de la Universidad de Puerto Rico. En 1976 publicó el libro de cuentos *La familia de todos nosotros* (San Juan: I. C. P.) y en 1986 la novela *Felices días tío Sergio* (Río Piedras: Editorial Cultural).

La televisión es un medio de comunicación masiva, es decir, un medio que llega a ser escuchado y visto por grandes masas de gentes. Hablamos de la televisión como si fuera una fuerza de la naturaleza o una gran computadora que genera por sí sola programas, anuncios y noticieros. En realidad la televisión no es otra cosa que un instrumento mediante el cual varios grupos de personas envían mensajes a millones de receptores. El contenido y la forma de esos mensajes depende directamente de las creencias y actitudes de las personas que dominan la televisión y ellas, a su vez, responden a las creencias y actitudes de un grupo social, económico, religioso o político.

Ante esto, tenemos que cuestionar cuál es la posición, en relación a la mujer, que presentan en la televisión los anunciantes, los libretistas de programas, los actores, los dueños de estaciones, o sea, todos aquellos que de una forma u otra envían mensajes por televisión. Esto es de gran importancia, porque la influencia de la televisión en el mundo actual es cada vez mayor, y tiene que ver directamente con el desarrollo, la educación, las creencias, los valores, las actitudes y las aspiraciones de todas las sociedades expuestas a los medios.

La televisión es, pues, un instrumento socializador: lo que presenta y cómo lo presenta va a ir dándole forma a muchos valores y actitudes en nuestra sociedad. Puede ayudar a crear un mito o a destruirlo; igualmente puede sustentar un prejuicio o ayudar a erradicarlo. Por eso preocupa el impacto y la influencia que tiene la televisión cuando perpetúa unos estereotipos sexuales.

Las investigaciones que se están llevando a cabo hoy día respecto a los medios masivos, enfatizan la importancia de analizar no sólo el contenido de los mensajes de los medios, sino los efectos que estos puedan tener en distintas audiencias. Una de las áreas más estudiadas es la de la relación entre los medios y el comportamiento humano. Se busca establecer, por ejemplo, cuán relacionada está la manera de actuar de los niños con la violencia a la que están expuestos a través de los medios, especialmente de la televisión; o la actitud de los adolescentes hacia el sexo opuesto, para ver si de alguna manera los medios han ayudado a transformar su manera de socializar.

Dentro de este campo es de vital importancia el estudio de los estereotipos. Como modelo fácilmente identificable por un grupo, el estereotipo, desde tiempo inmemorial, ha estado presente en gran cantidad de obras literarias, leyendas, ensayos, testimonios de tradición oral, en fin, en casi todos los discursos del ser humano.

Sin embargo, si ese estereotipo se saca de contexto y se repite a diario como representativo de la totalidad de un grupo humano o un género (o incluso de una especie animal), entonces provocará una falsa representación de lo estereotipado, y los intentos aislados o esporádicos por erradicar ese estereotipo no tendrán, a la larga, efecto alguno.

Tomemos como ejemplo el estereotipo del "lobo". Como animal de las leyendas y cuentos de países nórdicos, el lobo es entendido como animal feroz, vicioso a veces, implacable con su víctima. Trasladado por vía de cuentos infantiles a regiones tropicales, el lobo no puede ser otra cosa que terrible. Si le decimos a un grupo de niños que se les va a hacer una historia de un lobo, ellos conceptualizarán de inmediato que el lobo es malvado; lo imaginarán (si no han visto ya caricaturas o dibujos de uno) como monstruoso, con afilados colmillos, el estereotipo del terror que ataca a uno de noche cuando se tienen cinco años y los papás apagan las luces. Un programa educativo sobre animales que muestre que los lobos, salvo cuando están realmente hambrientos, no atacan a los seres humanos y son de los pocos animales que escojen pareja de por vida, no erradicará jamás 10 años de haber escuchado cuentos de lobos que se comen caperucitas, de lobos que atacan al correo del zar en la antigua Rusia, de lobos que tratan de comerse a los pioneros rumbo a California, de lobos-robots que atacan a un héroe espacial de caricaturas animadas. El estereotipo del mundo Occidental en relación al lobo no permite que pensemos en ese animal de otra manera que como amenazante.

De esta misma forma, los estereotipos que existen sobre la mujer, y que son transmitidos diariamente por televisión, acentúan unos rasgos negativos que no representan, en lo absoluto, a la totalidad (y ni siquiera a la mayoría) del género femenino, excepto en la mente de los varones que perpetúan como algo natural esos estereotipos. Es una visión varonil, aunque la misma la compartan mujeres que trabajan en los medios, porque enfoca a la mujer desde la perspectiva de los que tradicionalmente han sido mayoría en los centros de toma de decisiones en los medios. Por eso a los hombres (y a muchas mujeres, antes de que se lo cuestionen) les parece completamente natural y lógico que en un reportaje sobre las playas de la Isla la cámara enfoque las nalgas en bikini de alguna bañista, pero no así las nalgas en bikini de un bañista. Lo "natural" es resaltar el atractivo físico de la mujer, no el del hombre. Esa preponderancia de la visión masculina de la "realidad de la mujer" hace que a través del contenido de los programas, de lo sugerido por los anuncios y aún del contenido de las caricaturas, se enfaticen estereotipos de la mujer, quien, como el lobo, queda reducida en su definición a las características asociadas con los estereotipos presentados.

Si nos sentamos a ver cuatro horas corridas de televisión que incluyan un programa de niños, un noticiero, una telenovela o serie enlatada y muchos anuncios, encontraremos tres estereotipos que se presentan constantemente: la mujer indefensa, la mujer consumidora y la mujer tonta o vana.

Veamos primero el estereotipo de la mujer indefensa en la televisión:

"Auxilio, Popeye, sálvame".

"¡Ugh! Chita, tú ser lista y quedarte aquí, no ser como Jane. Yo ir a salvarla ahora de los bucutus".

"¡Rápido, Steve! Hay que sacar a la chica del barco antes que regrese el capitán Whaler. Ayúdame, está desmayada".

Auxilio, socorro, sálvame, son las expresiones comunes de muchas protagonistas femeninas en una gran variedad de novelas, programas y películas de televisión. ¿Qué es realmente una mujer indefensa? Es la mujer incapaz, dependiente, temerosa. Es la bella que el monstruo se llevó al pantano, es la joven que finge ahogarse para conocer al guapo salvavidas y conseguir novio, es la muchacha que le da al detective —por el precio de un piropo— la misma información por la que un hombre le cobraría veinte dólares.

La mujer indefensa. ¿Pero ante qué? Ante la vida y ante los hombres. Es la mujer que no puede valerse por sí misma en ninguna situación y necesita de un hombre que la salve de la mala situación económica o de los indios en pie de guerra.

La consecuencia directa de la perpetuación de este estereotipo es que no se le permite a la mujer sentirse capaz de valerse por sí misma. Las nenas tienen que correr si ven un ratón; como si no fuesen las mujeres las que limpian la casa y acaban con todas las alimañas. Las muchachas tienen que dejarse vencer en los deportes por los varones para no frustrarlos; como si fuera una ley de la naturaleza que el varón es más diestro en el deporte. Las mujeres en las telenovelas tienen que llorar y rogar a Dios por un buen marido proveedor, como si no hubiesen cientos de miles de mujeres que se mantienen económicamente a sí mismas y a sus familias. La mujer indefensa ante el peligro y ante la sociedad, es decir, la mujer incapaz, dependiente y temerosa es una falsa representación de la mujer y es a su vez quizás la más difundida en los programas y anuncios de televisión.

Un segundo estereotipo muy común es el de la mujer consumidora.

> "¡Oh, oh, oh! Antes de comprarse una blusa cara para quitarle el aliento a su novio, compre Barri-no. Barrino es una crema especial que le quita esos feos barros y espinillas..."

> "Y ahora regresamos a su telenovela Amanda la insaciable... Lo tenía todo en la vida: un esposo rico y apuesto, una casa preciosa, unos hijos divinos, pero ella quería más, siempre más, siempre insaciable. Amanda quería... ¡el hermano de su marido!"

La mujer consumidora, como estereotipo, no sólo es la que aparece en muchos programas y películas de televisión, sino que es, además, la mujer a la cual van dirigidos gran cantidad de anuncios. La mujer consumidora es la que compra por comprar, por acumular, por vicio. Y una gran cantidad de anuncios van dirigidos a este tipo de mujer porque se presupone que todas las mujeres, por naturaleza, son consumidoras desenfrenadas. Lo que no se señala nunca es que si bien es cierto que las mujeres hacen una gran cantidad de compras, ello se debe a que sobre ellas ha recaído, tradicionalmente, el trabajo de conseguir y comprar alimentos, ropas, enseres, artículos de primera necesidad, medicinas y artículos de diversión para toda la familia. La mujer compra la ropa de los hijos, la rasuradora del marido y el champú del perro. La mujer, pues, es innegablemente la que consume mayor número de objetos y hacia ella se dirige una gran cantidad de anuncios.

Pero una cosa es el rol de consumidora dentro de los límites de la necesidad o de la diversión familiar, y otra muy distinta es el estereotipo de la mujer que todo lo consume, que es insaciable en sus falsas necesidades, que está dispuesta a abandonar su trabajo y su familia por irse a una venta especial.

Este es el estereotipo de muchas mujeres en las telenovelas, en los muñequitos televisados y en las películas que pasa la televisión. ¿Pero es que realmente sólo la mujer consume y sólo la mujer va a los especiales? Hoy día gran cantidad de hombres que tienen pasatiempos favoritos como la fotografía o la música no pasan por alto un especial de artículos relacionados con sus pasatiempos; sin embargo, esto casi nunca aparece en la televisión. La costumbre es que la mujer es la que se deja seducir por una venta especial, y el niño aprende y el adulto se convence de que la mujer es por naturaleza consumidora. Y no sólo le gusta consumir bienes, sino que el hacerlo le provee de una satisfacción sin límites. Este es un estereotipo peligroso, porque de una manera muy sutil, influencia a muchas mujeres a identificarse con él. El mensaje parece ser: "Si esta aburrida en la casa, si el rol de fregona y niñera le revienta los nervios, salga y compre algo". Y es muy posible que una mujer harta de estar todo el día en la casa al salir a las tiendas se distraiga, pero es deshumanizante que se quiera hacer creer que con comprar y consumir una se siente mejor. La evasión de la realidad y de la búsqueda de solución que esta imagen conlleva, es quizás una de las "aportaciones" más peligrosas de los medios.

¿Es que verdaderamente una mujer abatida por un serio problema se siente mejor si se compra unos zapatos? Este es el estereotipo que está implícito a veces, explícito otras veces en muchas situaciones que presenta la televisión. Y es tan frecuente que muchas veces ni lo notamos, nada más nos reímos de que la actriz haya ido a una venta especial y haya dejado quemar la comida de su marido. Los programas, las películas y muchos anuncios ayudan a reforzar diariamente este estereotipo.

Un tercer estereotipo, muy difundido, es el de la mujer vana y tonta.

> "Las niñas están hechas de todo lo bello, las niñas son estrellas con sus destellos y para esa niña que hay en ti todavía, shampú Baby Sue todos los días... cabello lustroso, suave... como el de una niña".

La mujer que quiere ser niña, que a los cuarenta años es sólo "una chica traviesa", la mujer cuya vanidad le hace gastar desmesuradamente en maquillajes y perfumes, la que se dirige al público televidente parpadeando y fingiendo un acento extranjero que adquirió en la sala de su casa, es el estereotipo de la mujer vana y tonta. Vana porque es superficial, artificial. No es que no existan mujeres así, es que en los medios de comunicación se le da una importancia exagerada a ese tipo de mujer y se quiere hacer sentir inferiores o no-completas a todas las televidentes que no apetezcan un cabello lustroso como el de una niña o uñas largas de felina. Los programas y noticieros son muy dados a resaltar como noticia a las mujeres banales y tontas.

Tomemos un par de ejemplos. Si Elizabeth Taylor llega al aeropuerto de Nueva York con un séptimo marido y otro diamante más grande que el que tenía antes, en los noticieros de televisión saldrá su llegada y los comentarios que hizo. Si ese mismo día una científica colombiana descubre una nueva vacuna, el mismo noticiero presentará el dato leído por el comentarista de noticias, probablemente sin película y dándole muy poco espacio. ¿Por qué? Porque una mujer científica seria que trabaja y logra algo para la humanidad, a menos que además se parezca a Brigitte Bardot, no llena una imagen de la mujer. Puede ser un fenómeno aislado pero, según criterios periodísticos, no vende, no hace más interesante desde el punto de vista fílmico al noticiero. Claro está que esa decisión y esa visión corresponde a una mentalidad machista y muy prejuiciada, pero es que tanto a mujeres como a hombres se les educa desde pequeños para ver a la mujer sobresalir solamente en aspectos que resalten su vanidad. Si se es frívola y tonta, se es mujer. Esa fórmula nos da el estereotipo. A veces, una mujer bonita ya está estereotipada como tonta, y el personaje masculino se sorprende de que siquiera pueda pensar. Un ejemplo de un programa de televisión reciente:

"Manos arriba, sargento".

"Oh, es usted, señorita Miller, jamás hubiese imaginado que una mujer tan bonita supiera disparar".

"Sé disparar, sargento, y también sé abrir cajas fuertes. Hágase a un lado".

"¡Bonita e inteligente! Peligrosa combinación".

Peligrosa, sí. Porque eso no va con el estereotipo. Hay que ser bonita pero a la vez ser tonta, artificial, vanidosa, superficial. Es como si una mujer, por el hecho de serlo, y sobre todo una mujer atractiva, no pudiese ser decisiva, competitiva, de firme convicción. Los libretistas y los editores de noticias en la televisión resaltan con más frecuencia a las mujeres vanas.

Hemos presentado de forma anecdótica tres estereotipos de la mujer en la televisión. Obviamente hay muchos más. Es importante discutirlos, oponerse a ellos, demandar que esas imágenes negativas se sustituyan por otras positivas. Y es menester recordar que no sólo los hombres producen estos estereotipos para la TV; la ideología nos enmarca a todos. Muchas mujeres que trabajan en los medios y en agencias de publicidad comparten esos prejuicios y perpetúan esos estereotipos. Sólo tomando conciencia de la importancia social y económica de cambiar esta visión, podremos ver a la mujer representada como persona humana en la televisión.

*La composición tipográfica
de este volumen se realizó
en los talleres de
Ediciones Huracán, Inc.
Ave. González 1002
Río Piedras, Puerto Rico.
Se terminó de imprimir
en noviembre de 1987 en
Editora Corripio, C. por A.,
Santo Domingo, República Dominicana.*

*La edición consta de
3,000 ejemplares.*